こんな男に女は惚れる　大人の口説きの作法

檀　れみ

講談社+α文庫

はじめに――女性のトキメキのツボを押さえよう

本書を執筆したきっかけは、私が働く銀座のクラブにいらっしゃるお客さま達のぼやきでした。

「俺さぁ、銀座のクラブにお金も時間もたくさん費やしているのに、どうしてモテないのか不思議なんだよね。いつもイイ人止まりなの。思い返せば学生時代からそう。俺のどこが原因でそうなっちゃうの?」

こういった質問があまりに多いので、私は真剣にどこが違うんだろう……と考え始めました。

私がかつてホステスをしていた時に、一日に50人くらいの男性と接していましたが、確かにモテまくっているお客さまというのがいるんです。

どのくらいいるかというと、5%くらいだったと思います。少なすぎですよね。クラブに来ていただくお客さまの皆さんは、社会で活躍されている方ばかりなのにどうしてなのでしょうか?

それに、「モテ男」と「イイ人」のどこが違うのかと聞かれると、答えられないのだからこれまた不思議。

男性は女性に対して、顔やスタイルの良さ、料理&床上手など、求めるポイントがわりとはっきりしてますが、オンナはそうではないからなのでしょう。何となくイイ、よく分からないけど、とにかく惚れてしまった！ などというコがほとんどですから。

じつは、この〝何となく〟がクセモノなのです。モテることにおいて、明暗を分ける秘密はココに隠されているのでした。毎晩、銀座のクラブで繰り広げられているたくさんのオトコ（お客さま）とオンナ（ホステス）の恋愛模様をじっくり観察し、分析した結果、私はそのことがよ〜くワカッタ。

恋にトキメキは不可欠であり、「何となく」「よく分からないけど」は、たまたま偶然にということではなかった。モテる男性というのは、やはりしっかりと女性のトキメキのツボを押さえているのです。

女性をするりと恋愛の世界へといざなえる男性って、女性を口説くにも作法があることを心得ている。そして、私は同時に気づきました。それができるのは、要するに、大人のオトコなのだと。

ここまできたら、私に与えられた使命はただひとつだけ。

そのわずか5％の男性に見られた「口説きの作法」というものを、ファーストインプレッションからハッピーエンドorジ・エンドまでの経過にそって、女性の視点で分析いたしました。

この本によって、世の中にたくさんのモテ男が出現することを、私は心から願っています（銀座のクラブのイイ男率も上がってくれますように！）。恋愛をすると身も心も、いえ、人生そのものが潤《うるお》います。

オトコとオンナ、皆の幸せのために、男性の皆様よろしくお願いします♡

檀《だん》　れみ

2013年4月

こんな男に女は惚れる　大人の口説きの作法◉目次

第4章 長く恋を持続させる術

こんな男に女は惚れる　大人の口説きの作法

第1章

イイ人とイイ男の分かれ道

RULE 01-07

Introduction

オンナは心にいくつかの部屋を持ち、男性を振り分ける

オトコとオンナ、いや人間誰しもまず、出会うことから始まります。

「素敵な人と出会いたい。親しくなりたい。恋したい」とは、男性だけじゃなく、オンナだってごくフツウに思っていること。

銀座のクラブなんて、毎晩、当然のように男性と出会う場所でありながら、ホステス達は皆、「誰か、素敵な人、来ないかな♡」ナンテ、口癖のように言っています。オンナはドキドキしたり、ワクワクさせてくれる男性に巡り合いたいっ。すべてはそこから始まるのだ。だから、あなたは出会いの場面を何気なく通り越してはいけないのです。女性は皆、緊張感と何らかの期待を抱きながら男性に向き合っているわけですから。

このファーストインプレッションでステキだなって思わせることとは、じつは男性が考えている以上に大切なところ。というのも、女性の心のなかにはいくつかの部屋があって、この時点で、出会った男性を自然とそのうちのどこかに振り分けてしまうような傾向が見られるからです。そして、一度どこかの部屋に入れてしまうと、オンナは移動させようとはなかな

か思わない。男性は時間と労力をかけてジワジワと移動を試みるしかないのです。
よって、まずは、最初から入りたい部屋を意識しておくことが得策かと思われます。何だかコワイ？　でもね、女性にモテたいんだったら、まずは、女ゴコロを知るべし。初対面の時の、オンナの心のなかの部屋とやらをちょっぴり覗《のぞ》いてみると……。

[女の心の部屋]

1　一目惚れで一気に燃え上がる予感。
2　今後、何かが始まるかも知れない、始まりたいと思う。
3　親しくしておいたら、何か良いことがあるかも知れない。
4　お友達になりたい。
5　とりあえず知り合いになっておこう。
6　あまり関係なさそうね。
7　ハッキリ言って嫌いなタイプだ。

と、大体こんな感じか。見なきゃ良かった？　しかし、ここで引いていたのでは、モテ男にはなれません。ファーストインプレッションで、好みか、そうでないか、くらいは誰だって無意識に判断していることなのですから。

しかし、オトコとオンナではその見方が微妙にすれ違っていたりするのです。

たとえば、男性は、女性をまず顔やスタイルなどの見た目だけで判断してる人が結構多かったりする。もちろん、そういう女性も「いない」とは言わないけれど、比率で言えば、その傾向は圧倒的に男性に多く見られる。

銀座のクラブなんかじゃ、悲しいカナ、ほとんどそうだと言える。とにかく顔がタイプ、胸が大きい、足首がキュッと締まってるetc……。好きな女性のタイプを聞くと、ビジュアル面での特徴を挙げる男性はとっても多いのです。で、気にいったとなると、親しくなりたいとか、デートしたいとか、あわよくばセックスしたいとかって感じでしょう。

一方、女性はその男性が一見タイプであったとしても、それだけでは話は終わらない。セックスなんつーものは、はるか遠くだという心構え（一応ね）。そこに行き着くまでには、無意識のうちにいろんなことをチェックするわけです。

「俺はじっくり恋したい！」という男性、「私はビビッときたら、すぐにでもOK！」なんて女性もいるかも知れませんが、私が勝手なことを言ってるワケではありません。このオトコとオンナのすれ違い、じつは本能レベルの話だったりするのです。

人間は、そもそもオトコは子孫繁栄のために種を蒔き、オンナはそれを受け入れるという役割を持っている。そうじゃなかったら、今の私達は生まれてこなかったと言える。オトコの浮気は責められることではないってわけか。まいったな、こりゃ、とオンナは嘆く。

その一方で、オトコもまた、この子孫繁栄をめぐる進化論上において問題を抱えているのです。オトコはいくらでも種を蒔くことはできるけれど、オンナの体はどんなに頑張っても1年に一人しか子供を産むことはできないからです。

「オンナはオトコを選ばなきゃ身がもたん」。というわけで、自分にとってもっともステキな相手を探したい！　と思うのは当然の考え方と言える。そのため、女性は男性よりもついつい細やかな視点で、相手を見ることになった。これが、モテ男とモテない男を生み出す原因になっているのです。ま、これはあくまでも本能レベルのお話ですがね。

時代の流れに伴い、あらゆるシチュエーションに対応できるよう、哺乳類霊長目のメスも進化を遂げた。今は子供を産むためだけにセックスするわけでもない。

そもそも多くの動物には発情期ってものがありますね。この期間にしかセックスすることはないわけです。そのほうが、たとえば草食獣の場合などは同じ時期に子供が生まれるために、集団としての育児が可能になるという利点があります。人間にも最初は発情期が存在し、その期間にしかセックスしなかったと考えられています。

ところが違う考え方をしてみれば、年中セックスできるほうが、メス（というか女性）は何かと得をすることが多い。セックスをエサにして自分と子供を他のオスから守ってもらったりできる。

つまり、オンナは戦略的に進化を遂げていき、いつの間にか人間は発情期を失い、いつでもセックスができる体に進化したのだ。うーん、偉大な先輩達ですね。さらに、じつは浮気するのはオトコばかりではなく、夫が狩りに行っている時、別のオトコと浮気するようなメス、いえ女性も登場したのです。狩りで夫が死んでしまったとしても、浮気相手がその後の面倒を見てくれる可能性がアップするわけで、これもまた進化論上の戦略だったのです。

そしてふと気がつくと、人間にとってセックスはもはや生殖のためだけの行為ではなくなっていたというわけなのでした。

社会がこれだけ複雑になった今、女性にとって男性はさまざまな対象になり得る。目の前の男性を見たその瞬間、オンナの頭の中のコンピュータはフル稼働し、彼をどの部屋にご招待するのかを決めるのです。

アナタはいったい、どの部屋に入ることになるのか？

いや、もはや、選ぶのはアナタ。今、こうしてモテ男のバイブルを手にしているのですから。では、オンナの本能をトキメかせるモテ・テクニックをご紹介していきます。いいお部屋目指して、さっそくいってみましょう。

RULE

01

構えず仲良くなることを心がけよう

学生、ＯＬ、ライター時代に開いた数々の合コンで、ホステスになってからは銀座のクラブで、我ながらじつにたくさんの男性との出会いを経験してきたと思う。でね、ステディな関係になるのかどうかは別として、仲良しになれるかどうか、というのはすぐに分かってしまうものなのです。今までは「このオトコ、私と何となく気が合いそう?」と思うのは、オンナの直感次第と考えていたんだけど、それは違うということが判明しました。すべては男性のちょっとした心掛け次第で変わるんです。

ある合コンの席で一人のオトコをしばらく観察していると、その場に居合わせたほぼ全員の女性とぺらぺらと上手におしゃべりを交わしているではないの。耳を澄ましてみると、話題は、いたってシンプル。

「会社の場所はどこ?」「最近、何か映画観た?」「食べ物は何が好き?」みたいなね。

とにかく当たり障りのないワンパターンの会話を、女性を替えて、繰り広げている。

でもね、こんな会話がたちまち初対面の垣根を取っ払ってくれるのです。

私もホステスとして初めて交わす会話はこんな感じだからよく分かる。お客さまが気さくに話しかけてくれると、すぐに打ち解けて、会話もはずむ。お互いに、仲良くなろうとしてるんだなって気持ちが伝わるのです。

ですから、まず感じの良い人になりましょう。妙に身構えていて、寡黙を決め込んでいる男性って、じつに多いの。ホステスはそういう人にツッコミを入れたりするし、その後も顔を合わす機会があったりするわけです。たいていは、女ったらしに見られるのが嫌だったとか、何を話したらいいのか分からなくて……って、理由みたいなんだけど、なかには、それが男らしい態度なんだって勘違いしている人もいたりして。

でも、理由を知らない女性は「何だかコワイ、感じワル」って思ってしまうと、まずはそれっきり。ファーストインプレッションがそれで終わってしまってはじつにもったいない。

女性と仲良くなろうとする気持ちは、恥ずかしくも何ともないと思う。女性だって、男性と仲良くなりたいって思っていますもの。それに、一度知り合いになったら、そこから思いがけない人間関係が広がるかも知れないでしょ?

構えず、女性と気さくにおしゃべりをする。これはモテ男の基本中の基本なのです。

TECHNIQUE

寡黙《かもく》を決め込まず、気さくに話しかける

RULE

02 「じっと見つめて視線を落とす」を繰り返す

時間も労力もかけずにモテることができたら、どんなに楽か。便利なテクは、遠慮なくどんどん取り入れちゃうべき。早いにこしたことはありません。

モテ最強の飛び道具をお教えいたします。

それは、ズバリ目線です。「目で犯す」という言葉もあるように、じっと見つめてみる、という行為は面白いほどの効果を発揮してくれます。

実際、銀座のクラブではコレをやるホステスがいる。そして、ほとんどのお客さまが、「カノジョは俺に気があるね」って思っているの。そのカノジョは指一本も動かしてはいない。ただ、ジィ〜っと見つめただけ。

クラブでは、新人だったりすると、お客さまと一言も話すことができないまま、他のテーブルに回されてしまうことがいっぱいあるのです。で、このワザをやったコは、必ずと言っていいほどお客さまから、「さっきの新人と話してみたいから、ちょっと呼んで」と、お呼びがかかっている。私もよくやっていたし。

コレ、効果を実感していたの。私がホステスをしていた時でもね、お客さまからジィ〜って見つめられると、「あ〜、この男性はきっと私のことがタイプなんだわぁ」って、つい思っちゃったのよね。

見るってことは何かしら意識に留まってるってこと。それが、オトコとオンナとだったら、ピ〜ンっ。好意を持ったに違いない♡　でしょ？

銀座でなくたって、仕事先の秘書さんとか受付嬢とか、その場で言葉を交わせない相手にこれはきわめて有効な方法なのです。

また、目線ビームを飛ばしておいてから話した相手には、ある特徴が見られたりする。

それは、何だかとっても優しいってこと。

そりゃそうよね。自分に好意を持っている人とお話しするんですもの。

しかし、気をつけねばならない点が一つだけあります。

それはね、むやみやたらにジィ〜っと見つめ続けるのも限度があるってこと。気がついたら、ガン飛ばしてたという事態には、決してなってはならない。

女ゴコロをつかむには、つい、見たくなってしまった……といった、トキメキと照れが見え隠れするのが絶妙かと思われます。

そんなこと言われてもよぉ〜、と思われるアナタは、ストップウォッチのご準備を。

まず、5秒から7秒間、じっと見つめる。

ついでに息も止める。

そしたら、さりげなく視線を落とす。この時、他の何かを見ようとしてはいけません。自分の手元とか、意味の無いもの、見てもしょうがないものに3秒くらいがいい感じ。

そして、ゆっくりと視線を戻していって、優しく見つめる。

この繰り返しあるのみ。他の人と話したり、飲んだり、適度に間隔をおいたら、またやってみてください。

相手はきっとトキメいている⁉　いや、確実に。

TECHNIQUE

“5秒見つめて3秒そらす”が目で落とすコツ

RULE

03

「いやぁ、気が合うなぁ」で決まり

初対面で男性よりもペラペラと話す女性というのは、まず「いない」と思ったほうがいいでしょう。いたとしたら、恋愛の座標軸からはずれている可能性大。女性はそもそもトキメいたと同時に、観察を始めてしまう生き物。コレ、本能なのです。決してアナタと話したくないワケではありません。

しかし、沈黙はシラケてしまうもの。男性としては、「話せ」と言われりゃできないこともないだろうけれど、何を話題にすべきか迷ってしまうかもしれない。女性はできるだけ、相手の情報を得たい、などと思っている状態なのですから。

むやみやたらと話しだしてしまう前に、男性がしがちな話題に伴う危険性（女性の心証）というものを、さらりと知っておく必要があるかと思われます。怒らないでね。

- ●自慢話→ウザイ。
- ●失敗談→そうとう面白くないと、カッコ悪い。
- ●仕事の話→よく分からない or つまらない。

●家庭の話→夢がない。トキメかなくなる。
●不満やグチ→暗くなる。卑屈な男に見える。

あくまで、危険性なので、自信のある方は気にしなくてOK。

ですが、これではどんな話も難しくなってしまいそう。さて、どうする？

私としては、男性も女性を探ってみるのがベストかと思われます。

女性に、ごくフツウの質問を投げかけてみる。

「好きな食べ物は何？」「どこに住んでるの？」「音楽は何が好き？」みたいなことをね。

そういった質問ならば、女性はすらすらと話せる。話しやすい人だなぁ、ナンテ思ってしまう。そこから共通点を見いだしていくのです。というよりも、最初からすぐに見つかりそうなテーマなんだけど。でも、女性も緊張しているから、そんなことには気がついていない。そして、見つかった時点で、その話題を集中攻撃する。会話の節々には、効果音的にアクセントを入れましょう。

「君もぉ～？　僕もだよ！」ナンテ具合に。

共通点というのは、一気に親しみを感じさせてくれるし、印象に残るのです。かなり確実なストレートボールよ。

最後に一言、「いやぁ、気が合うなぁ」

これで決まり。

恋とは、どうなるかが分からないから楽しい。オトコとオンナは探り合いながら付き合っていくもの。最初から楽屋裏をさらけだしてしまうようでは、トキメキは薄れてしまいます。

初めて交わす会話はゆっくりと相手のことを探ったうえで、確かなボールしか投げないでおく。はずさないオトコって結構、少ないものなのよね。

TECHNIQUE

簡単な質問で共通点を見いだし好印象を与える

女性　男性のこんなところにふと惹かれちゃう

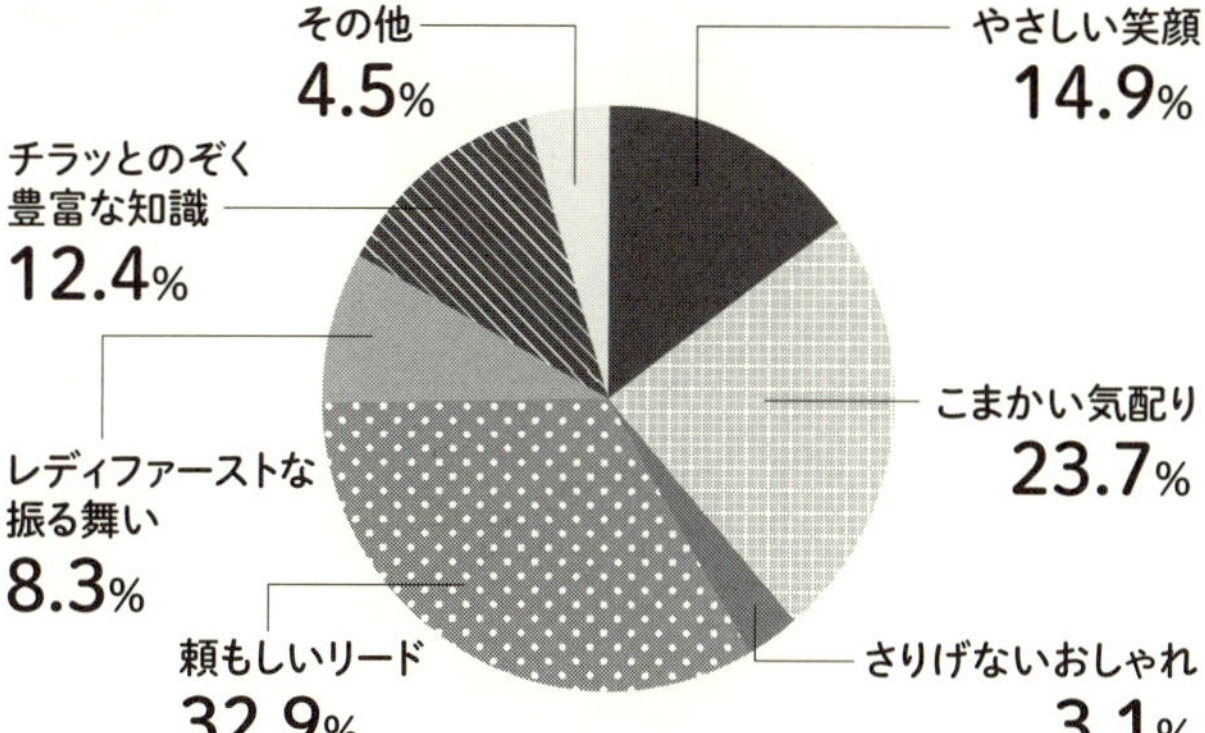

（合計：637 票）

男性　女性のこんなところにふと惹かれちゃう

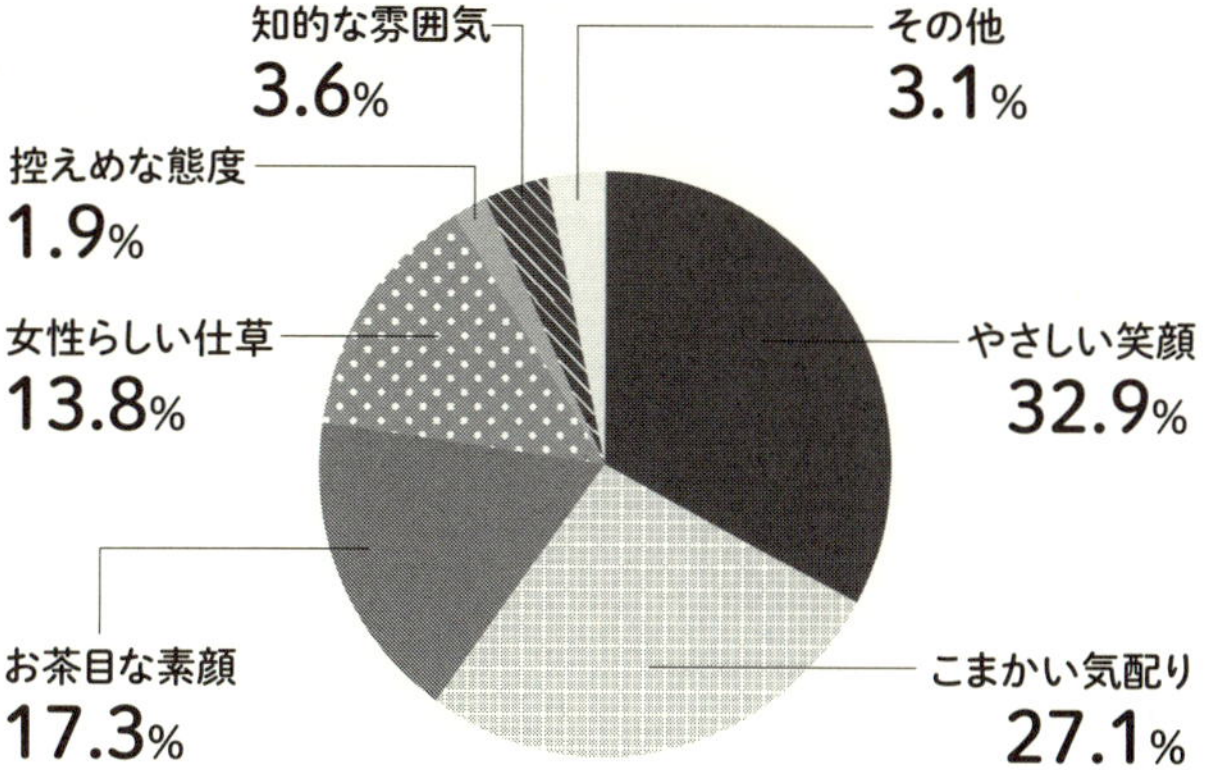

（合計：629 票）

RULE

04

合コンはイイ男とつるむと得をする

合コンをする場合、「オンナは絶対に自分よりもかわいいコを呼ばない」と男性から言われることがある。じつは、オトコも、そうなのよね……とは、過去に数々の合コンをやってきた結果、思うことです。パッと見で、幹事が光ってることが分かっちゃうの。モテようって魂胆が丸見えで逆効果です。お互いサマか。

だけどね、そうとは限らないの。私は銀座のクラブで、ハッキリと分かった。イイ女とつるむと得をするってことが。自分までもが2割増しくらいに見えるんだってことがね。

じつは、銀座のホステスは出入りが激しいので、半年のうちに3分の1くらいは顔ぶれが変わってしまいます。それによって、お店全体のムードも変わるワケで……。

「何だか、ブスばっかだなぁ」

「キレイなコばっかだね」

その都度、お客さまは率直に感想を述べられる。でも、じつは、3分の2は同じメンバーなのよね。知らないうちに影響を受けているのです。新人ホステス達にね。キレイなコが多いと、店全体が華やかに感じられるし、そうでない時期には、一人で頑張ったとしても、どうやら周りの空気にのまれてしまうみたい。

だからね、私は同伴の食事だって、なるべくイイ女だと思うホステスを連れて行くことにしていました。モテ女のオーラに、自分も包まれてしまおうってね。相手は喜び、場は盛り上がるし、その子のウォッチングもできる。イイ女は会話も振る舞いも違う。私はよく観察して、そのポイントを積極的に取り入れることにしていたの。そして、すぐにその場でやってみる。百聞は一見に如かずで、ものすごい吸収力です。だけど、そそられるようなオンナがいないとなると、現状に甘んじてしまうばかりでなく、どっと手を抜きだしちゃうの。

男性の場合もそう。イイ男の友達にはイイ男が多いように思う。同性からの影響力って、大きいもの。つるんでいると、何となく雰囲気が似てきたりする。モテるオトコのポイントは、間近で見て、どんどん盗んでしまうのが手っ取り早い。真似したとしても、絶対に同じになることはないから安心してください。類友効果は狙うだけの成果&価値があります。

合コンは自分だけ際立とうとせずに、身近にいるモテ男の力も借りて、その場をモテ・オーラでいっぱいにする。そのほうがアナタの魅力も上がります。

TECHNIQUE

モテ男友達のオーラを借りてイイ男に見せる

RULE

05

声と話すテンポでセクシーさを演出

五感の一つだけあって、聴覚を刺激する〝声〟の影響力はとても大きいものです。良くも悪くも、声を聞いているうちに、その人のイメージができ上がってしまっていることはよくあります。

たとえば、カラオケ。見た目がイケてるのに、か細い声で歌われたりすると、「お腹から声を出せ〜」って言いたくなる。逆に、思いがけないイイ声を聞かされると、「もう一曲お願いします」ってなります。そういえば、CDとか、顔で選んで買ったことないもんね。曲がどんなにステキでも声が良くないと、聞いててストレスが溜まるから買うのは躊躇《ちゅうちょ》してしまう。だけど、ステキな歌声は部屋で一人うっとりしながら、何回も聞いちゃう。

実際に、会話をしてても、この人の声好きだなって、ピンとくることがあるの。これね、持って生まれた質だけじゃないことが分かりました。カラオケなどに行って、男性の話す声と歌う声が違ったりした時に気付いたのです。歌となると、メロディに合わせなきゃならないから、調整が必要になる。だけど、それは逆に自分で変えられるってことよね。

じつは、ステキな声っていうのは、トーンと話すテンポに秘密があるように思う。

まず、トーン。女性の意見としては、圧倒的に高めより低めのほうが人気が高い。落ち着きがあって安心する、男らしさを感じながら、しかもセクシー！　確かに、深みのある声は、この人、ムードがあるなって思わせる。甲高い声を出されたりすると、面白いとも感じるけれど、ちょっと緊張しちゃう〜。気をつけないと、私のほうが低くなってしまいそうだわっ、なんてね。女性のほうが結構調整してたりして。

次にテンポ。これまた女友達に聞いてみた結果、圧倒的に「ゆっくり」が人気だった。速い人はせっかちで薄情そうな印象を受ける。話の内容を理解するまでに時差が発生する。説教されそうでコワイ。そのテンポについていけないこともないが、コントをする気はない、なんて声もあった。

女性との会話には、考えたり、言葉を選べるくらいのゆとりが必要なのです。その時間を与えてあげることは、オトコの優しさと思われる。

爆笑したいなら速いテンポもアリだけど、あっという間に、タダのダチ⁉

オトコとオンナの間に流れている時間って、会話のテンポが決めてるんだよね。

TECHNIQUE

低めのトーンでゆっくり話す

RULE

06

「意外と」って言葉は何かと便利

世の中に、ホメられて嬉しくない人はいないと、私は思います。女性の場合、「かわいいねぇ。キレイだねぇ」って言葉はいくら言われても、耳にタコはできないの。

でもね、言われ慣れると、どのくらいそう思っているんだろう？　って、その男性の本音度をジャッジしだすのです。目の前にたまたまイイ女が数人揃っていた場合、とりあえずモテたいからと言って、皆を平等にホメ倒しては逆にマイナス。女性達は「美人だねぇ」と言われている女性をまじまじと見て、その男性の美人の基準を量っていたりもする。女性が、ホメ言葉をストレートに鵜呑みにしてくれたら、どんなに楽か。

でも、この警戒心は、本能からくる不安のようなものだから、ややこしいと思わず、かわいいって思っていただきたいところ。本音で言ってるって分かったら、一気に喜んでココロを開いてしまうのですから。では、女性をドキッとさせるホメ方とは？

私としては、内面性を指摘しつつ、ふと考えると、それって外見もイケてるってことだ！と、すぐに気付くという二重構造式をオススメしております。何だ、それ？　ややこしい？

たとえば、「君って、意外と家庭的なんだね」ってセリフ。

じつは、見た目で家庭的って思われるのは、オンナとしてはあんまり嬉しくないものなの。これがお見合いの席であるなら、上品なお嬢様風を演出して、妻の座を射止めようなどと思うのかもしれないけれど、女性はたいていセクシーでイイ女に見られたいっ！　という願望がある。ダケド、決して遊ばれたくはナイってとこが本音。

そこで、「意外と」という言葉を冠につけるのです。

「家庭的」に「意外」がつくと、ビジュアル的には家庭的に見えていないということになる。でも、私のなかに家庭的な部分を見いだしている！　私のことを分かってくれたのねっ！　と、なる。

この「意外と」って言葉は何かと便利。「外見と違う」＝「隠された素敵な部分に俺は気がついたよ」ってことが、さらりと主張できるの。女性は外見だけじゃなく、内面もホメてもらいたいのです。そして、そのホメ言葉を心から信じ込もうとする生き物なのです。

ただし、言う前にちょっとだけ考えてね。使い方次第で超タイヘンなことになる場合があるので。間違っても、「君って意外と若いんだね」ナンテ、言わないように。

TECHNIQUE

女性は外見だけでなく内面もホメる

RULE

07

出会いの場では「君のこと気になってる」ぐらいに

出会いの場で色々なトキメキを仕込んだアナタ。（オトコとオンナの）お楽しみはこれからです。

ダケド、まだ鼻息を荒くしないでね。この時点で持つべきものは、確固たる自信です。これが明暗を分ける、といっても過言ではありません。

「このあと、二人きりでどこか飲みに行かない？」とか、「家まで送っていくよ」とか、「今度いつ会える？」とか、初対面では下心があるor焦ってる？　と思われるようなことは、一切してはダメよ。「また、会ってもらえる？」ナンテ、丁寧なつもりで下手に出過ぎるのもNG。いくら女性がその気だと分かったとしてもね。

なぜか？　女性は「追われてるなぁ」と思うと、つい、ふんぞり返るクセがあるからです。私が見るに、コレ、イイ女でも、あんまりお誘いのかからなそうなオンナでも、不思議とそうなの。ちょっと思わせぶりをしたいな、くらいならばかわいいもんで、女性のたしなみの範疇だけど、追われるって楽しいっ！　もっと追わせてやろうってオンナもいる。好きだけど、骨抜きにしたいってオンナもいる。そして、いずれも、恋の失敗とかなり紙一重的な場合アリ。追い続けられているうちに、まったくトキメかなくなってしまったぁ〜ナンテことも、コレまたある。

この流れができてしまうと、ほぼ軌道修正はきかないと思ったほうが良い。日本海の荒波に一人で立ち向かっているようなものデス。

骨抜きにするのはアナタのほうなのです。だからといって、何とも思ってないって素振りも、コレまたダメなのよ。先にも書いたように女性は気にいられたと分かることによってドキドキして、その男性のことを特別に意識し始めるんだから。

出会いの時は、「君のこと、ちょっと気になってる」くらいがちょうどいいの。そして、別れ際に、「今度、また食事でも行こうよ。電話番号教えてよ」って、サクっと言ってのける。

ちなみに、イイ女は、自分から電話番号を聞いたりはしない。ダケド、教えないということも、まずない。だって、アナタはもう、すでに彼女をトキメかせているのですから。

TECHNIQUE

根拠はなくとも自信を持って余裕ぶる

1つだけ選ぶなら、どのツボが合う異性がいい？

女性

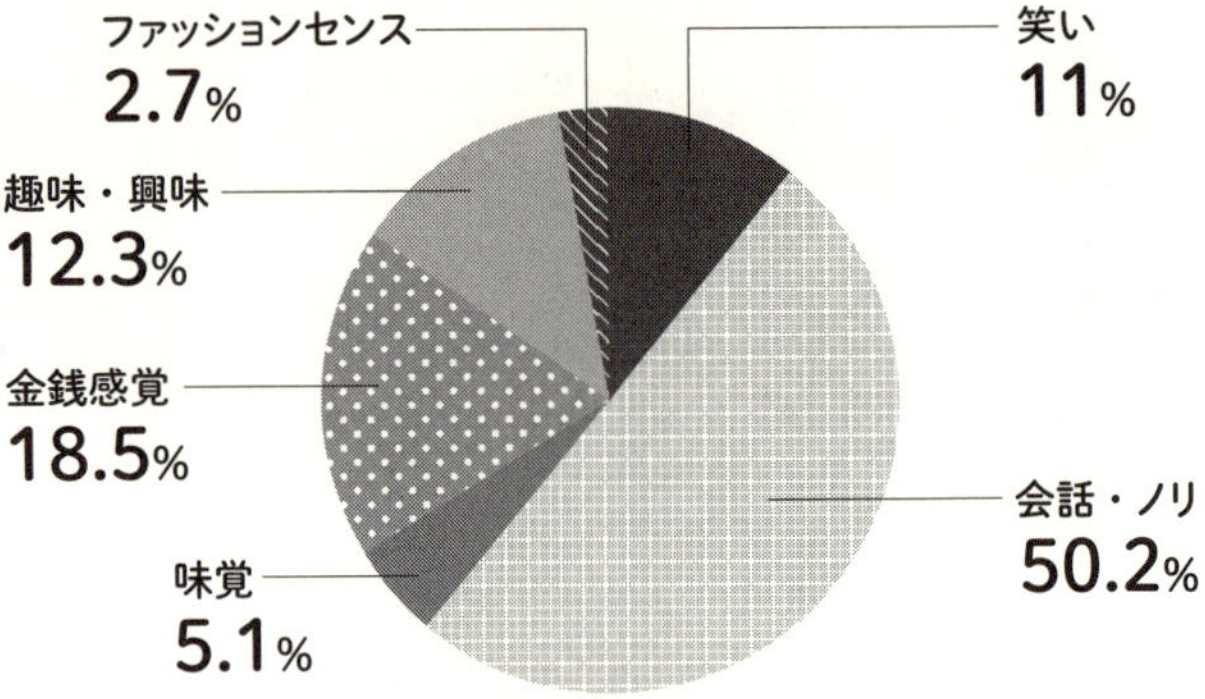

（合計：934票）

男性

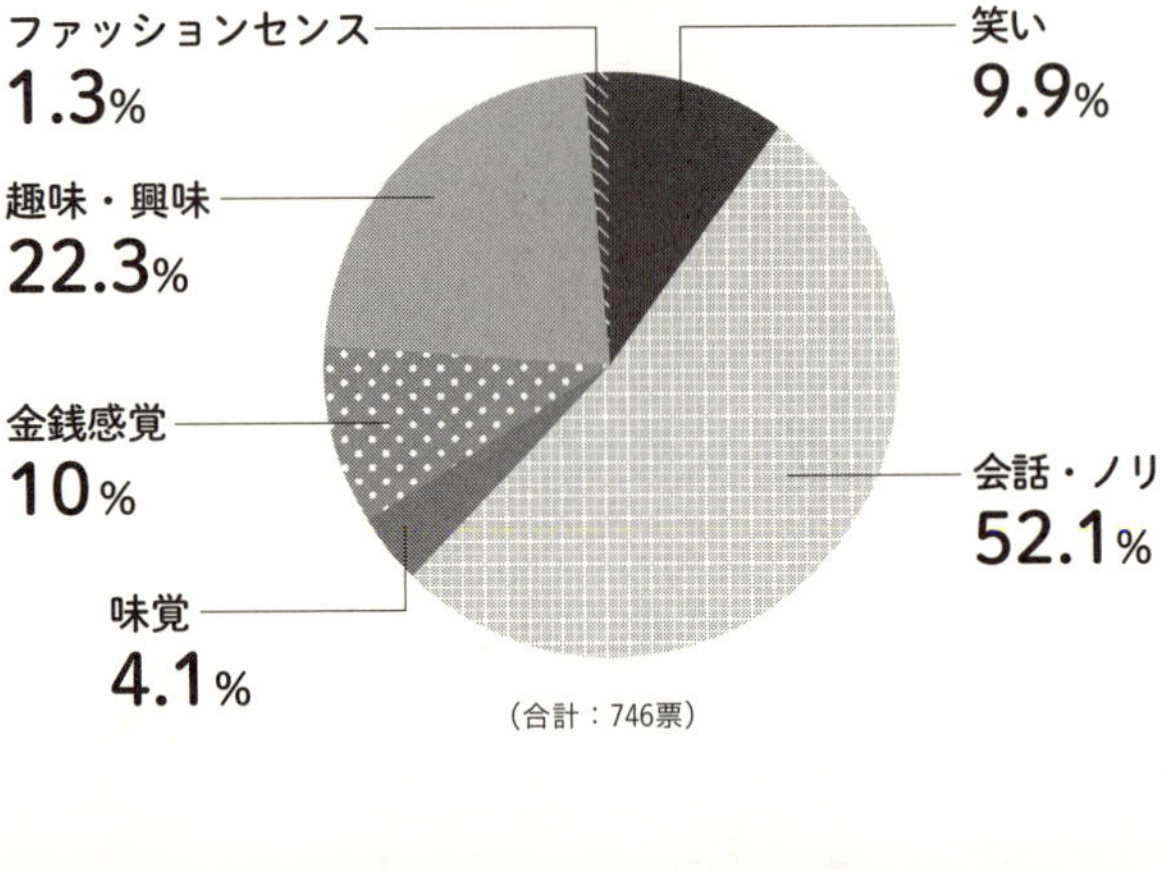

（合計：746票）

第2章

女ゴコロにピタリとハマる
ファーストデートの作法

RULE 08 | 17

Introduction

オンナの関門突破に大切な〝オトコならではのゆとり〟

出会いの場におけるモテ・テクニックを身につけたら、自分なりのモテ・スタイルの確立に向けて準備しておく必要があるかと思われます。だって、私の周りにモテる男性はたくさんいるけれど、タイプはさまざまだし、いろんなシチュエーションがありますもの。

むやみに女性のウケを狙っているだけだと、器用貧乏になってしまって、気がついたら個性を失っていたなんてことになりかねない。モテ男とは、女性にとって都合の良い男性ではないのです。広く浅い人気で俺はOK！　と言うのであれば構わないけれど、ハッキリ言って疲れるし、美味《おい》しいところを他のオトコに持って行かれてしまうことだってあるわけ。

ここからは、モテ・テクニックもファーストインプレッションの時のように、イイ男エッセンスを振りまいて、女ゴコロをそそってるだけじゃダメなのです。

とは言っても、この時点で「自分のステキさを分からせよう」というのはいくら何でも早すぎる。

それにね、男性が考える〝ステキ〟な姿は、女性には越えることのできない壁となってしまう場合がじつに多いのです。たとえば、オトコにとって一番大切なのは仕事だといった構えはじつにカッコイイのだけれど、冷静に考えてみれば、人間、稼がなきゃ生きていけないのだから、ま、それは当たり前のことだったりするのです。現実に仕事に生きるオトコはいっぱいいる。もちろん、オンナもね。

序の口に恋愛対象として魅《ひ》かれるのは、仕事をしててもオンナは別腹〜といった、いや、まだ余力はたっぷりといった〝オトコならではのゆとり〟の部分なのです。

2回目に会う時って重要なんだよね。女性は、最初にちょっとステキだなって思った自分の目は確かであったか、恋愛をちゃんとできるようなゆとりの持ち主なのか、ということを確かめたいと思っている。期待感と探究心で胸を膨らませている状態なのです。そして、2回見て、イイ！　と思ってしまったら、かなり確実。本腰を入れることとなる。

それを見抜くポイントは基本的なスタイルにあります。オトコのゆとりは如実にここに顕われる。オンナは鋭いからね。ポイントをはずしていて、ただカッコつけていたりすると、薄っぺらいなぁ〜、って思えてきて、「サムイ！」と、なってしまうので気をつけて。

決してビビる必要はありませんよ。女性だって、自分のことを魅力的に見せたい、ステキだなって思われたいって気持ちは同じなのです。そんな気持ちがあるから、オンナは磨きをかけてどんどんキレイになっていけるんだと思う。それが、女性にとってもゆとりにつながるのです。コレ、偽《いつわ》りの自分を演じようっていうのとは違います。そうやってどんどん変身を遂げて、イイ女に生まれ変わっていくの。

真のモテ男も、向上心によって生まれるのです。まずは、もっともベーシックで、欠かせないポイントを見ていきましょう。女性は一度惚れてしまうと、当分のあいだはその人に対するキャパはぐぅーんと広くなるから、ここは突破口と思って、なるべくこれから言うことをそのまんまやってみてください。

これから先、永遠に続くモテ人生に備えて、揺るぐことのない基盤を固めてしまいましょう。ここで築いておけば、今後アレンジも色々と利きます。

オトコとオンナの関係はディープになっていく過程こそが醍醐味だと思いませんか？　弱い基盤の上にはビルは建たない。一発芸的なものではなく、マジでゆとりのあるイイ男になってしまおうって気持ちでトライしてほしいの。ＯＫ？

男性にとっては、「こんなことどーだっていいじゃないか」と思うこともあるかもしれませんが、女性にとっては、かなり大切なことばかり。しかも、ここを通過してしまうと、あばたもえくぼ効果の恩恵も受けられるので、ウンとやりやすくなるのです。女ゴコロを知りながら、自分なりのモテ男スタイルを確立していこうではありませんか。

RULE
08
出会った次の日には必ず電話を入れる

初対面で女性と親しくなったならば、電話番号などを交換しているはず。オトコだったらそれくらいはしておかないとね。イイ女は「自分からはなるべく聞かないぞ」って心掛けていますから。ここぞ、という決め手は男性にしていただきたい、というのが女ゴコロなのです。

たまに、「聞いたら失礼じゃないかと思って」って言う男性がいるけれど、むしろ逆です。電話番号もメールアドレスも聞いてもらえないって、裏を返せば、別にもう二度と会わなくてもいいと思われていることになる。仕事の関係とかだったら、どうせまた会えるだろうから、そのうちでいいかって思えるけれどね。電話番号を聞かれると、私と親しくなろうとしてるんだわって、嬉しいものです。

シチュエーションにもよるけれど、それが少なからず出会いの場であるならば、後日、連絡をとれる状況にしておくことは、大人のマナーなんじゃないかと私は思うのです。だから遠慮しないで、聞いてあげることが親切、くらい図々《ずうずう》しく考えちゃって大丈夫。片っ端から連絡先を聞きまくるのは節操がないけれど、このコ！　って狙いを定めたら、サクっと聞いてしまいましょう。そして、お気に入りのコの電話番号をゲットしたら、次の日に必ず電話を実行に移していただきたいの。コレ、鉄則。

連絡先を交換しているからといって、女性からかかってくるのを待っていてはいけません。電話番号を聞かないのと同様に、女性からはかけないことがほとんど。ステキだなって思った男性には特にそうする可能性が高い。ここで男性も待ちに入ってしまって、せっかくのワクワク気分が台無しになってしまうのはもったいない。ググっと盛り上げていくために、最初はぜひとも男性に引っ張っていただきたいのです。

時間帯は、午後イチくらいがもっとも爽やかな印象を与えるのではないかと思います。夕方になると、ダラケ気味だったりするし、夜はいろいろありますし。

メールで済ませないこともポイント。初めて相手に電話をする時は、ちょっと緊張したりするものです。それをメールでするりとかわしてしまうって、何となくズルい。

実際、デキるオトコは自分の声を聞かせるために、電話をかけてくることのほうが圧倒的に多い。親しくなったらメールは便利&楽しいけれど、最初は電話をかけて他の男性たちと差をつけましょう。留守電でも良いから生の声を吹き込んでおく。コレ、暗黙のルールよ。

TECHNIQUE

メールで済まさず、自分の声を聞かせる

RULE

09

最初のデートの前に複数で会う

では、最初の電話で何を話したらいいのか。

普通は「昨日お会いした○○です。今、電話大丈夫？　昨夜はとても楽しかった」と、始まることと思います。

出会いの場では、次の約束を取り付けるような、下心があるor焦ってる？　と思われる行為は慎むべき、と書きました。

でも、一夜明けて初めてかける電話では、誘うことに限りOKになるのです。というよりも、ここで誘わなければ何もコトは始まらない！　とは、相手の女性だって思っています。電話番号を教えたということは、アナタとの今後に、何らかの期待を抱いてるってことだもの。ここで、ダラダラと世間話をしているようではいけません。

「今度、また食事でも行かない？　いつ頃あいてる？」って、サクっと誘ってしまいましょう。前置きが長いと、〝やっと誘った感〟というものがミョ〜に漂ってしまうのです。かしこまって誘うのではなく、昨夜が楽しかったから、また会いたいねっていう軽快さがあると、女性も「うん、ぜひ！」って、テンポに乗ることができる。友達を食事や飲みに誘う調子で言いましょう。

これは、今後のアナタのためでもあるのです。だってね、女性がアナタのことを、本当にステキな人なのかな？　って確かめたい気持ちがあるのと同様、アナタも確かめたいでしょう？

そこで、ちょっと考えたいのが、二人きりで会うか、複数で会うかという問題なのです。私的には、ちょっと気にいっているくらいだったら、初デートの前に複数で会っておくことをオススメします。沈黙は回避できるし、友達の助け舟は何かとありがたいもの。ステディな関係になることを急ぐ必要はないの。

でも現実的には、複数で会おうと言うオトコは滅多にいない。私の経験からしても、今まで、誘われる時は二人きりっていうパターンが圧倒的に多かった。

だからこそ、「俺の友達で面白い奴がいるから連れて行くよ」って言われたら、女的には、この男性《ヒト》、余裕だなぁって、いきなり一目置いちゃいます。

それに、女性は二人きりで会った後、デートに誘われなくなったりすると、心を閉ざしてしまう危険性があるのです。ズルいようだけど、その女性の周りにはステキなお友達がいっぱいいるかもしれなくてよ。

最初に電話をかけておいたならば、後のやりとりはメールでOK。「何が食べたい？　どんな店が良い？」って、女性のリクエストになるべく応えようとする姿勢を示しておきましょう。

複数で会っておけば、共通の話題は何十倍にも膨らむことになる。緊張が和らぎ、親近感が増したところで、いよいよ二人きりのデートへ！

TECHNIQUE

初デートは友人の力を借りてクリアする

RULE

10

女性は〝美形〟よりも〝清潔〟を求める

銀座のクラブで、お客さまから、「イイ女のコを紹介してよ」と言われると、圧倒的に顔立ちが整っているってことが条件だけれど、その点女性は違います。男性に美形を求めているのは少数派。

私の周りにいるモテ女達を見ていてもそう。知性か、育ちか、優しさか、金か……。何をマストとしているのかは分かりませんが。

でもね、それはビジュアルを気にしないってことではありません。人気を集めるホステスがいるのと同じく、ホステスに人気のお客さまっていうのは、実際キレイな男性が多いのです。顔立ちが美しいってことじゃない。清潔感を漂わせているかがポイントね。キレイな人を見るのは、女性にとっても、心地良いものなのです。

たとえば、女性の場合、肌がキレイだったりすると、規則正しい生活をしているように感じられる。だけど、ニキビや吹き出物がいっぱいできていたりすると、どんなに美女でも、生活が荒れているように見られてしまう。それと同じことです。

男性は顔じゃない、とは多くの女性が思っている。でも、ヘアや肌をキレイに保ってるっってことは基本で、とっても重要だったりする。そういった意味では、男性以上に〝キレイ好き〟なんじゃないかな。ビジュアルとして、肌は脂ぎっていないか、吹き出物は出ていないか、肩にフケは落ちていないか、髭《ひげ》は伸びていないか、鼻毛は出ていないか、眉毛は伸びすぎていないか等々、身だしなみは怠ってはいけない。不潔感を漂わせるような髪型も改めるべき。カットはマメに。カツラをするならば完璧にフィットさせること。

手先も要チェック。オトコとオンナが最初に行うスキンシップといったら、まず握手だったりするでしょ？　これは初対面でも、よほどのことがない限り、拒絶されることはないはずだし、相手に親近感を抱かせることができる。爪はちゃんと切りそろえているか。黒ずんではいないか。肌はガサついていないか。手を握った瞬間、何となく肌の相性って分かるもの。しっとりとまとわりつく肌は、体の相性のバロメーターにもなるのです。

女性だけじゃない。男性も清潔で〝キレイ〟を心掛けることは、とっても大切なの。

TECHNIQUE

手を握った時に、オンナは体の相性を見ている

RULE

11

初デート、映画とコンサートは避ける

最初のお誘いは、「今度、また食事でも行かない？　いつ頃あいてる？」って、サクっと言ってしまったほうが良いと書きました。みんなで会ったお次はいよいよ二人きりで会いたいナという気分じゃないかと思われます。

そしたらね、また、サクっと誘ってほしいの。サクっと、ディナーにね。

また「食事」って言うの？　今度は映画とか、コンサートとか、何かイベントを絡めないと誘いにくいなとか、能ナシだと思われないかな？　とかは、心配しなくてよい。それ、ノれないよ……っていうイベント、多いんですよ。そうじゃなくても、そこまでの時間はない、とかね。

だってね、映画を観ようってことになったら、まぁ、軽く2時間ちょっとは上映してるでしょ。終わってから、食べて飲んで、しかも自宅までの道のりが遠かったりしたら、う〜む。すでにアナタが会いたくて会いたくて仕方ないくらい彼女を惹きつけてるんだったら、何だって良いけれど、まだ出会って間もない間柄。

ほとんどの女性は、「ちょっとその日は予定がありまして」的な言い回しで断ってしまいそう。

彼女的には、別に大した理由ではなく、アナタに会いたくないと思っているわけでもないのに、雲をつかむような理由を聞かされたアナタは、もう誘う気さえなくなっちゃうんじゃないかしら。そうなったら、残念よねぇ。

それにね、映画やコンサートを観て時間が過ぎてしまうのはもったいない！　とも、女性は考えるのです。私だって、過去にそういった（映画 or コンサート＆食事）初デートをしたことは山ほどあります。でもね、せっかく会ったんだから、はるか彼方で歌ったり、演技している芸能人よりも、アナタの顔やしぐさのほうをウォッチングしたいし、少しでも多くおしゃべりして、親しくなりたいって気分なの。ただの食事デートでも、気がついたら、映画やコンサートに行くよりも、ずっと時間が経ってたってこと、結構あります。

たいていの女性は、デートは当分、食事＆飲みが続いてＯＫ！　むしろそうしてほしいと思っている。いつでも行けるようなイベントは、マンネリになった時のためにとっておいて。

TECHNIQUE
初めの頃は二人が向き合える食事デートが◎

RULE

12

「ちょっと歩くけどいい?」は禁句

待ち合わせ場所は男性から指定される場合が多いもの。というのも、レストランはたいてい男性が予約しているから、一番近くて便利なところを考えられるのは、どうしても男性になる。

ところが、女性の立場から言わせていただくと、そもそもこの、近くて便利っていう考え方がズレている場合があるのです。

たとえば、言われた場所に行ったのに、「ちょっと歩くけどいい?」とか言われること、よくあるの。

足元のピンヒール、目に入らないの? って感じなんです。だけど、「嫌だ」とも言えず……。そして、オトコの〝ちょっと歩く〟はオンナにしてみたら〝結構、歩いてるわっ〟って感覚だったりもする。

これまでの人生の中で、私もあらゆる場所で待ち合わせをしてきました。渋谷のハチ公前だったこともあれば、ホテルのロビーの場合もある。スタバもあったし、直接レストランでっていう場合もありました。

私が思うに、モテ男はここから違います。デートは待つ時からすでに始まってるってことがちゃんと分かっている。

まずは、私が経験したもっとも盛り下がったパターンからお話ししましょう。

渋谷のハチ公前を指定された私は、一抹の不安（大人の待ち合わせ場所とは思えない……）を感じながらも、文句一つ言わずに行った。初めてのデートだし、初《しょ》っぱなから「異議アリ！」ナンテ、言えなかったのよね。

運悪く、その日の夕方になって、パラパラと雨が降りだしてきた。場所変更の電話、かけてこーいっ（かかってこず）。傘をさし、新しいワンピを着て、パンプスを濡らしながらハチ公前にて待つ私は、健気《けなげ》を装いつつも、内心はかなりイラついていたりする。キャッチセールスには声をかけられまくるし、人が多すぎて探すのに目も疲れる。すぐ近くにいながらも、どこにいるんだか分からなかったりして。お互いに携帯を耳にあてながら、まさに糸電話状態。人混みにもまれながら登場した彼は（私も？）、ビジュアル的にステキとはかけ離れていたような……。そういえば、この時も結構、歩かされたんだった。

一方、私的に気にいっているのはホテルのロビーで待ち合わせをするデート。

ここを待ち合わせ場所にした人は分かってるなぁって思います。まず、場所が分かりやすい。雨にも降られることはないし、温度だって良い具合に設定されている。至るところに花が飾られていたり、天井からは豪華なシャンデリアがぶら下がっていたり。どこからか流れてくるピアノの音色に耳を傾けていれば、ムードは自ずと高まってくる。

会えるまでの気持ちってプロローグのようなもの。それらのすべてを背景に登場するのはお得です。

ロビーだったら、お金だってかからないわけです。ハチ公前で待ち合わせる場合とここだけは同じなのよ。行こうとしてるレストランの近くに、ホテルないんだよなぁって思ってはいけません。ホテルのエントランスにはズラリとタクシーが並んでいるはず。レストランのまん前で降りることもできるでしょ?

人は会う場所によってイメージが違って見えるってことがある。何事も気分の問題なんだよね。出会ってから間もない時には、特にこのムードづくりを怠ってはならない。今時、カフェだって、駅ビルだって、ステキなスポットはいっぱいあります。

待ち合わせ場所の目的を、ただ会うだけの場所と考えるのはやめてね。

TECHNIQUE

どうせならオンナのムードを高める待ち合わせ場所を選ぶ

初デートの後、また会いたい相手ならいつ誘う?

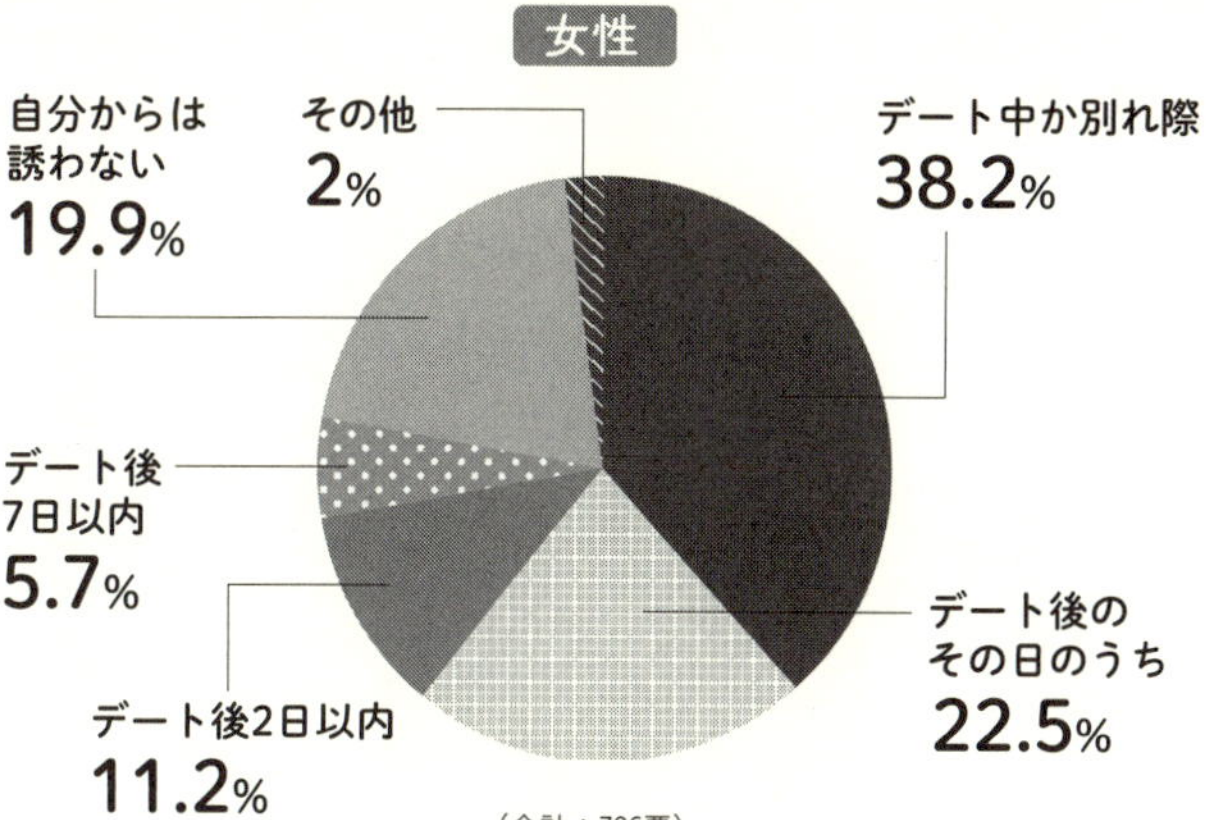

（合計：726票）

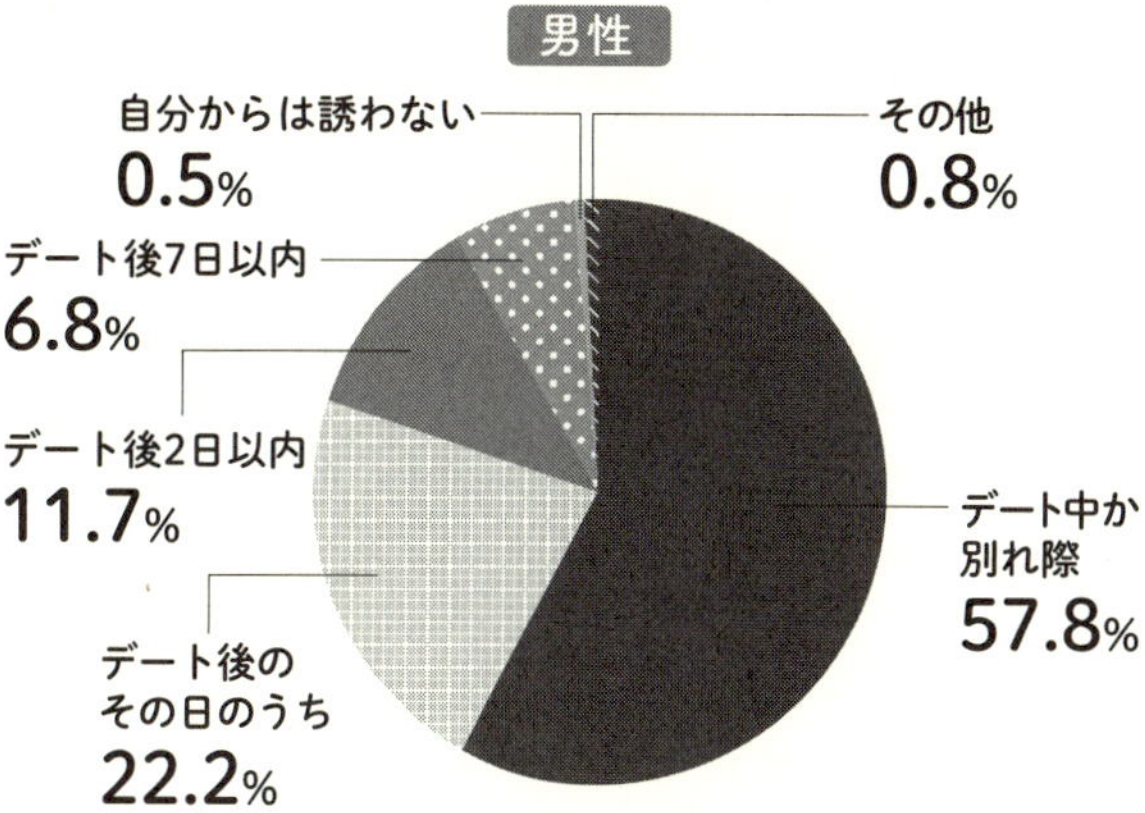

（合計：743票）

RULE

13

日頃からなるべく色々な店へ行っておく

ホステスって、男性の立場に立てるようじゃなければ勤まらないことが多々あるんです。たとえばね、「今度、○○物産の大事な契約があってね。接待したいんだけど、気の利いた店ないか?」とか、「来週、女房の誕生日なんだけど、喜んでくれるようなレストラン知ってる?」とかはしょっちゅう聞かれること。ここで、うーんと首をかしげているようでは、ホステス失格。サクッとご紹介できるようでなければね。それと同じく、「新しくできた△△って店、評判みたいだけど、どうなの?」という質問にも答えられなければいけない。お客さまの為になる情報を伝えなければと思うと、自分が知らなくても、すぐに周りのホステスに聞いて、行ったことがあるコにしゃべらせる。そして、私もふぅーん、そういう店かって思うのです。今度行ってみようって気になったり、行く必要なさそうだなって思うと、それ以後は、聞いた話をそのまんま伝言ゲームのように伝える。だから、口コミってこわいんですよねぇ。ちなみに銀座界隈の料理屋は、ホステスを敵に回すとすぐに潰れます。

話はそれましたが、というワケで、ホステスは気心知れている料理屋ばかりでご飯を食べているわけにはいかないのです。色々なお店を訪れる度に、個室があるかどうか、人をキレイに見せてくれる照明か、お会計はいくらくらいあれば済むか、スタッフの対応は丁寧か、料理はどんな味か、客筋はどうか、というようなことを最低限チェックしておくの。

ホステスはご馳走してもらってばかりだと思うかも知れないけれど、お客さまのお誕生日やお祝いなどでは、奢《おご》らせていただくのです。誕生日なんて、年に一回だろ？　ナンテ思ったら大間違い。お客さまの数だけ誕生日があるんだから。

なので、男性の気持ちはよく分かります。良い雰囲気と、料理と会計のバランスってなかなか難しい。そりゃあ、お金に糸目をつけないならば話は別だけど、良い店って、トータルとしてちょうど良いってことだもんね。高級フレンチはムードは満点だけど、ワインを開けるとなると一気にお会計が跳ね上がってしまう危険性があるとか、あそこの和食は抜群に美味しいんだけど、いつも混んでいて席が狭いとか、ちょうど良さを考えると、一長一短なお店ばかりなのが現状なのです。良い店って、自分の足で地道に探していくしかないの。口コミでも雑誌でも、ピンときたら、コママメに足を運んで確かめておく。些細《ささい》なことのようだけれど、女性にとって食事をするお店ってとても楽しみなんです。

TECHNIQUE

自分にとってちょうど良い店を日頃から探しておく

RULE

14

お店選びには「情熱」を見せる

お洒落《しゃれ》っぽいお店がやたらと増えて、デートのお店選びが逆に難しくなっています。

とくに目立つのが、大手グループ企業の一環として、チェーン展開しているような、いわゆる、ダイニングレストランの類《たぐい》です。空間コーディネーターや建築家がアタマを捻《ひね》ってモダンな内装を施し、話題の店なるものを次々に誕生させてしまうのには、ビックリします。

でもね、これでデートのディナーは事欠かないかというと、ちょっと違う。私的には、洒落ていながらお手頃価格を実現し、あらゆる面においても便利にできているところが、かえって腑に落ちないのです。あらゆるニーズに応えようとしたことによって、皆似かよってしまっている。

こういったお店は常に混んでいるから、店内は騒々しいし、隣の席は会話がまる聞こえになるくらい近かったりする。個室に入ってしまうと、オーダーをなかなか取りにきてくれないし、お店のスタッフはマニュアルどおりのセリフをロボットのようにしゃべくりまくり、ホステス顔負けのその作り笑顔は、心がこもっていなさすぎて、なんだかシラけてしまう。

このテの店がグッと増えたがゆえに、このテを利用する男性もグッと増えているようで……。それにね、こういう店（オシャレ&リーズナブル&チェーン店）だったら、ハッキリ言って女同士でも行けるんだよね。

男性には、手近で済ませず、セレクトに熱を込めてもらいたいのです。

たとえば、同じ高級店に行くにしてもね、ボーナスなどの臨時収入があり、「よしっ！　高級レストランへでも行ってみようか。調べてみるよ」って、いくつか候補を挙げられたら、想像して選ぶ楽しみが増えるし、何よりも、特別に考えてもらっている感にドキドキしてくる。自ずとお洒落にも気合いが入る。けれど、銀座のお客サマに、「京味（新橋にある高級和食店）でいいか？」なんて、いつものワンパターン的に誘われると、たとえそれが超一流店であったとしても、なんか盛り上がれないの。相手のテンションの低さを感じてしまうのかしらね。高いか、リーズナブルかってことは問題じゃない。そこに熱意があるかどうかが、オンナは大切なのです。

ご理解いただけたら、いざカノジョを誘うとき、お店は２パターン用意しておきましょう。それは、有名店と隠れ家的なお店です。有名店のほうは、行ったことがあるかないかを率直に聞いてみる。

女性が「ない」と答えたら、「僕がとても好きなところだから」と言って、好きなお店にぜひ連れて行きたい↓大切に思っているという気持ちを伝える。

「あるわ」と答えられて、相当いろんなレストランに行ってそうな気配を感じたら、迷わず隠れ家的な店でいきましょう。

そんな隠れ家なんか知らないよって方は、普段あまり行かない街へ足をのばしてみてください。もちろん前もって、風情があり、料理もイケてるお店を探すのです。最初は入りにくいかもしれないけれど、競争の激しい飲食業界、数回行けば、顔馴染《なじ》みになれますよ。

そういえば、銀座の路地裏は隠れた名店がいっぱい。意外にも、一見《いちげん》さんお断りじゃないところは多く、良心的なお店もたくさんあります。ロケハンする時間がないという方は、ネットでも、ま、いっか。口コミ情報は満載だし、今はいろんなことをいろんな人に聞けちゃう便利なご時世。

連れて行くのが楽しみになる、アナタならではのご自慢の隠れ家をぜひ見つけてくださいね。

「また連れて来てね」って、カノジョはきっと言うはず。

TECHNIQUE

「君のために選んだ店」という熱意にオンナは弱い

デートのプラン、どうすることが多い？

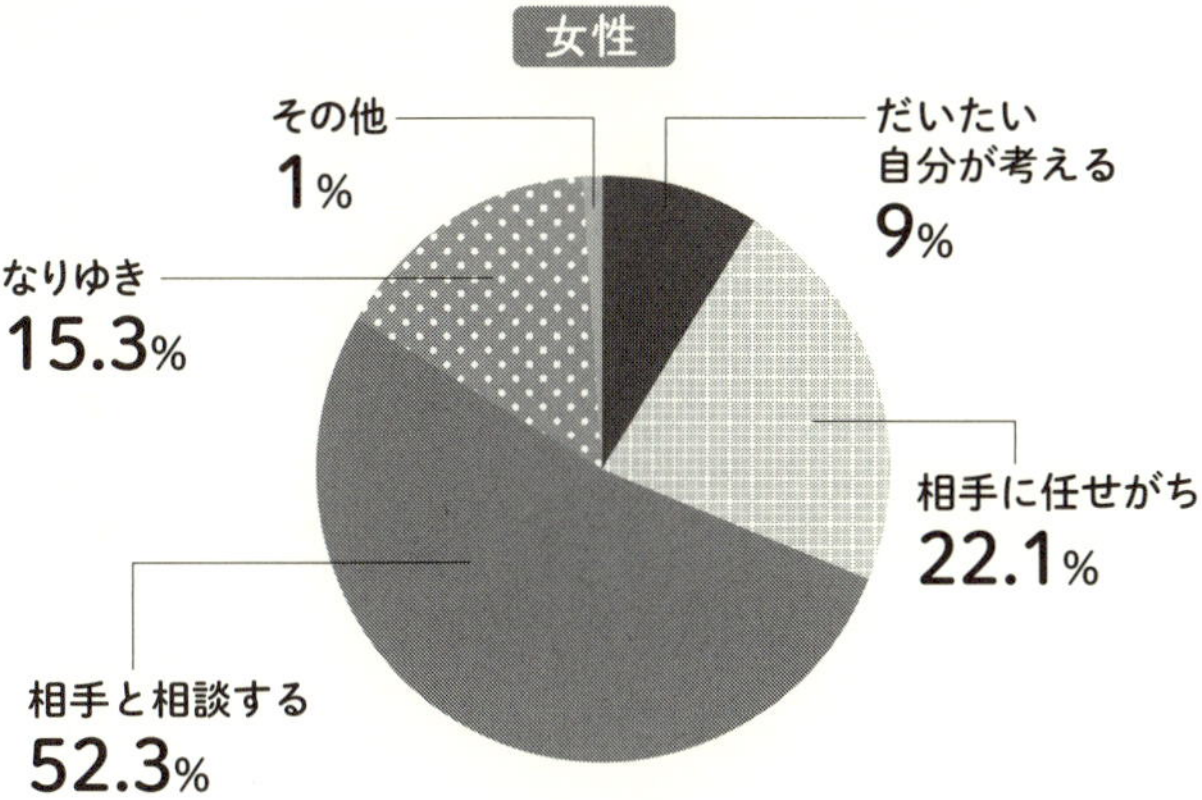

（合計：365票）

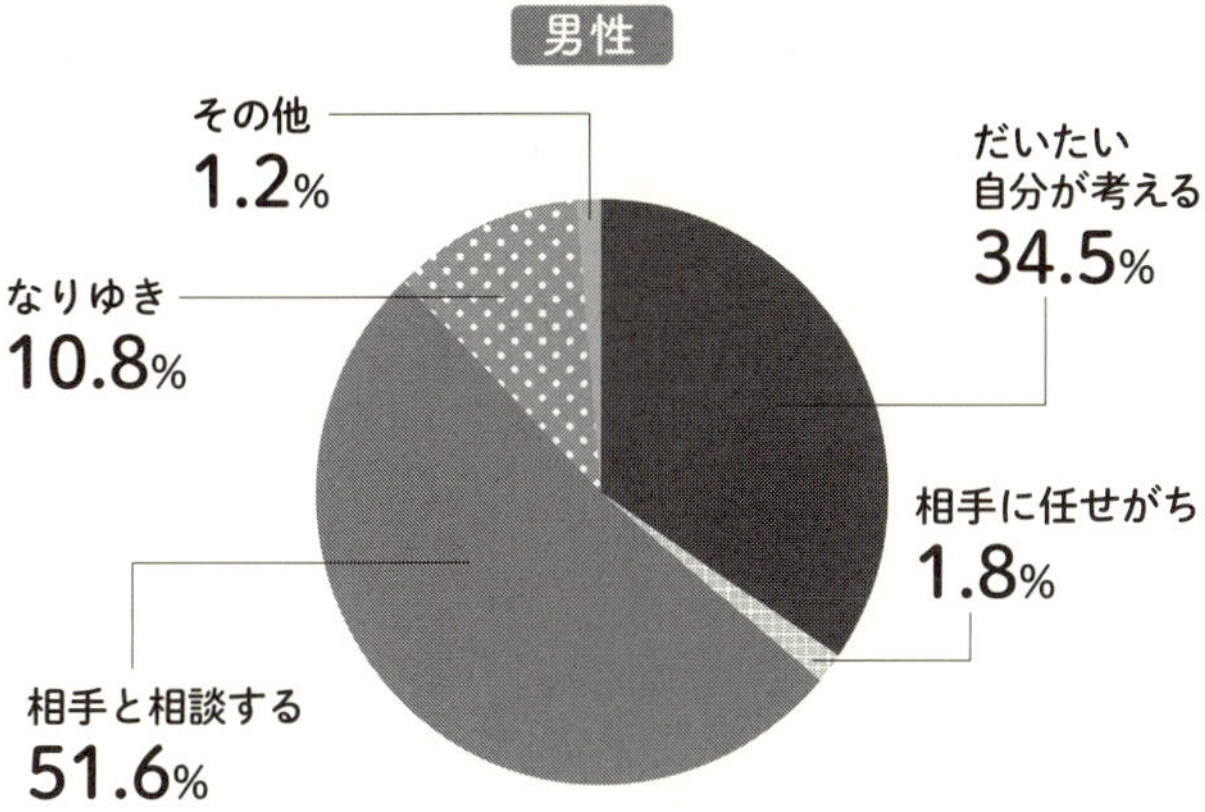

（合計：333票）

RULE

15

会計は知らないうちに済ませる

デキる男は、知らないうちに会計を済ませていることが多い。トイレに立つフリをしてね。これ、ビジネスシーンには欠かせないマナーなんだと思う。スマートにコトを運ぶ発想よね。だから私も男性に食事を奢ったりする場合は、必ずそうしています。

ホステスをしていた時は、奢ってもらうのは当たり前って感じだったんだけど（失礼！感謝はしてます）、お客さまが支払っている姿って、あんまり記憶になかったりする。相手に精神的な負担をかけないっていう気持ちがスタイルとして身についているんですよね。だけど、私もプライベートでは、奢られるのにも礼儀というものがあることは知っている。

たとえば、デザートを終えて、男性がテーブルでチェックorレジに立って会計をする場合に、「ご馳走になっていいんですか」とか、「そんな、私も払います」とか言ってみる。この男性《ヒト》は払わせないって、知りながらも言うわけです。案の定、「いや、いいんだよ」と言ってくれます。この流れ、お会計が目の前でされる以上はお約束なんだよね。

だけどね、たまぁ～にいるの、「じゃあ、５０００円ね」とか言う男性が。ちょっと！デートですよ。デートっ。５０００円が惜しくて言ってるんじゃない。実際、割り勘をしない男性はいっぱいいます。その中で、際立ってどうするの？

そんな問題外のオトコはともかく、ハナからご馳走するつもりの男性はさらに！ 会計は知らないところで済ませておいたほうが、断然スマートだと私は思います。だって、わざとらしいお約束のようなやりとりをしなくて済むじゃないの。いや、アナタのためでもあるのです。支払いが現金だったのか、カードだったのかということも分からないし（どっちでもいいんだけど、あまり低額をカードで払ってたりするとオンナはビックリする）、領収書を切ったかどうかだって分からない（領収書って言われると、オンナはこのデート経費か……と少し我に返ったりする）、でしょ。得することは、したいもんね。見えないところでなら、遠慮する必要はない。

支払いは相手に気を遣わせないように、見えないところで、知らぬ間に済ませておく。使えるならば、領収書もちゃんともらっておく。コトは、スマート&スムーズに運ぶべし。

TECHNIQUE

トイレに立つフリをして会計を済ませておく

RULE

16

「もう一杯ずつ飲もうか？」と切り上げる

女性って、レストランは、ステキなところ、美味しいところって思うんだけど、2軒目のバーやカフェは、適当にムードがあったらそれでいいと考えます。だから、コケたとしても、それはアナタのせいじゃないって方向にもっていっておいたほうが気がラクになります。すべてを完璧にやりこなそうって疲れるじゃない？　行き当たりばったりで、「ココ入ってみようか？」と、一緒に覗き込みながら探すのって、私は仲良しっぽくて好きよ。イマイチだったとしたら、「何か変なトコ入っちゃったね」とか、「さっきの店と、落差激しいなぁ」って笑いネタにもっていく。君といることが目的だから、俺はどこでもいいのさ的に構えて、動じないこと。

それよりもね、話は戻りますが、ディナーがエンディングに近づいた時、今、何時であるか？　彼女はどこに住んでいるんだっけ？　明日は仕事？　といったようなことをまず気にしたほうが良いのではないかと思います。7時すぎからディナーが始まったとして、お酒を堪能していると、あっという間に10時くらいにはなってしまうのでは？　えっ、まだ8時半⁉　って場合は、会話もはずまず、ひたすら食べてたってこと？　ただ互いに緊張してそうなったのだとしたら、もう一軒、二人で探してネバってみましょう。何だか合わないんだよなぁ……という場合、アナタが帰りたいならば、無理に頑張る必要はない。場数を踏もうというならば、おまかせしますが。

で、10時すぎになっている場合。初対面の時よりも、ぐっと親しさを増して、彼女も楽しそうにしているならば、逆に、少し引く姿勢をとっておくのが効果的。まだ、もう少し一緒にいたいわって相手が思っている状態の時にお開きにするのです。

「もう一杯ずつ飲もうか？」がその合図。

レストランにバーコーナーがついている場合は移動して、デザートワインなどをグラスでとるか、デザートをそっちに持ってきてもらう。

一回のデートで、女性をお腹いっぱい（気持ち的に）にしてしまっては損よ。早めに帰すという紳士的な態度を装《よそお》いつつ、もったいぶるの。小出しにして、女性を軽〜く飢餓状態にしておく。盛り上がりすぎて、ここで帰るのは考えられないっていうなら無理に止めないけれど、効果アリだから、ぜひやってほしいな。

TECHNIQUE

オンナがもっと飲みたいという時こそ早めに帰す

RULE

17 フンパツして帰りはタクシーで送る

多くのオンナは、オトコの紳士度を帰り道で実感します。単刀直入に言いますが、楽しくディナー&飲みを終えたなら、帰りは絶対に送ったほうが良い。カノジョが絶対、安全だって分かるところまでね。

「いえ、いいです。大丈夫です。一人で帰れますから」と言われるでしょう。私だって必ず言ってますもの。でもね、そこで、「あっ、そう？　じゃあ、ここで」ナンテ、鵜呑みにしてはダメよ。一人の帰り道、危ないとか思わないのかなぁって、オンナは必ずや疑問を抱くことになる。だから、送ってください。アナタのためにも、絶対。

電車でも構わないけれど、私的にはお酒を飲んだあとはタクシーが良いなぁ。夜の電車は酔っぱらいがやたらと多かったりして、昼間の雰囲気とは全然違うのよね。カノジョを送って、自分もとなると、タクシー代はイタイ出費かも知れないけれど、ここは一つフンパツしていただきたいところ。でもね、タクシーでも、電車でも、送るに送れないって場合もあるよね。まったく違う方向で、すごく遠くに住んでるって場合。その女性がどこに住んでいるかくらいは、事前にチェックしていなければダメよ。

結構いるんです、そういうホステスが。11時をすぎると、「終電がなくなるので、お先に失礼します」って言って、帰ってしまうの。アフターももちろん付き合わない（もしかして、ウソかな?）。でも、ハッキリ言ってくれたほうが正解。新人なんかで時々、言えないコがいるんだよね。アフターに引きずり込まれて、2時すぎにもなって、「じつは……」って、言い出すの。終電はとっくにないし、深夜の畑道（私のなかのイメージ）をそんな格好して歩いたら危なすぎるっ。

ホステスの場合はお客さまがタクシー代やチケットを渡してくれたりするけど、それはクロウト筋のすること。一般社会では、するほうもされるほうも難しい。

そういった事態を回避するには、最初から会う場所に気を遣っておくしか方法はない。

私の周りには、あんまり家が遠いコとは付き合わないって決めている男性もいます。それを耳にすると、「えっ、そんな理由で！　ひどい、愛がない。熱意のない恋愛なんてあり得ない！」って、私は吠えます。でも、もろもろ考えると、確かに大変だわよねぇって思えてくるの。その恋愛に熱意があるか、どうか。ちょっと考えてみて。

TECHNIQUE

タクシー代は先行投資だと思って快く

異性を食事に誘い「その日は都合が…」と断られたら？

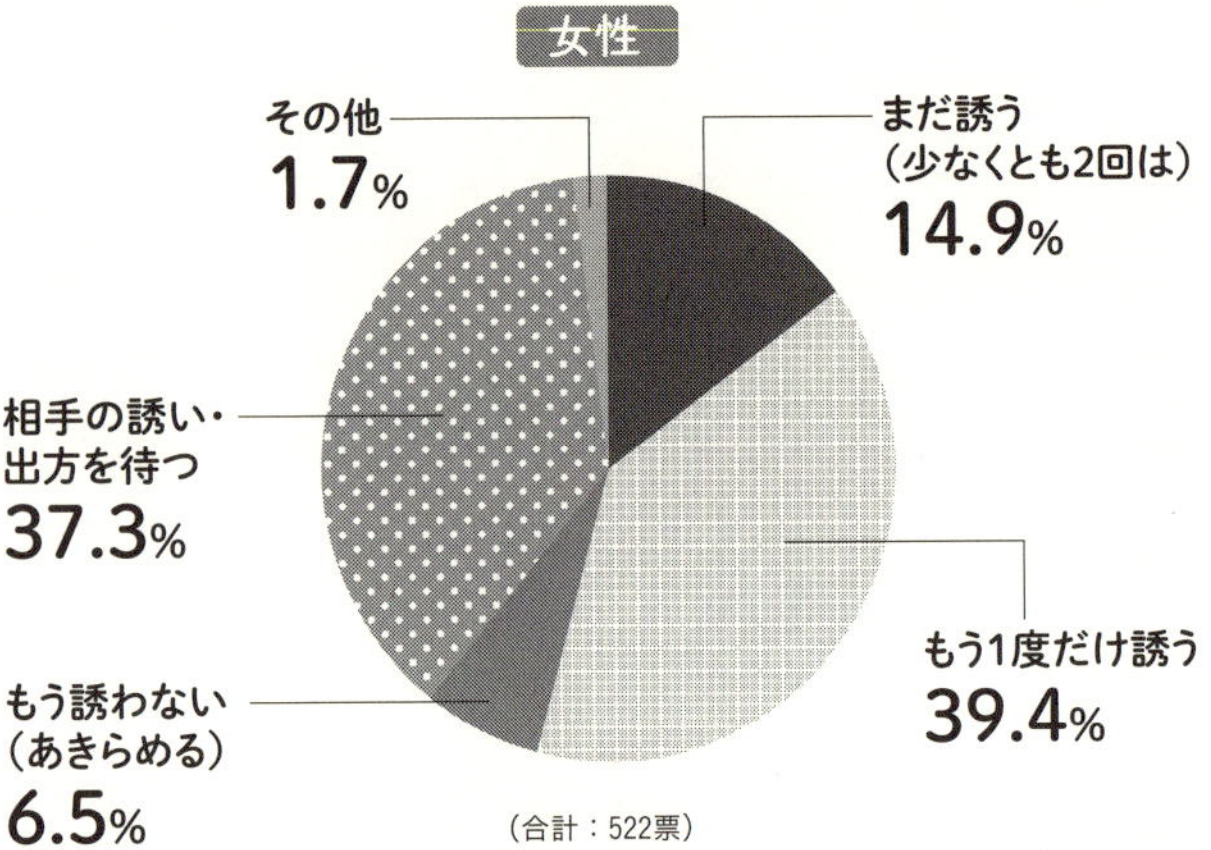

（合計：522票）

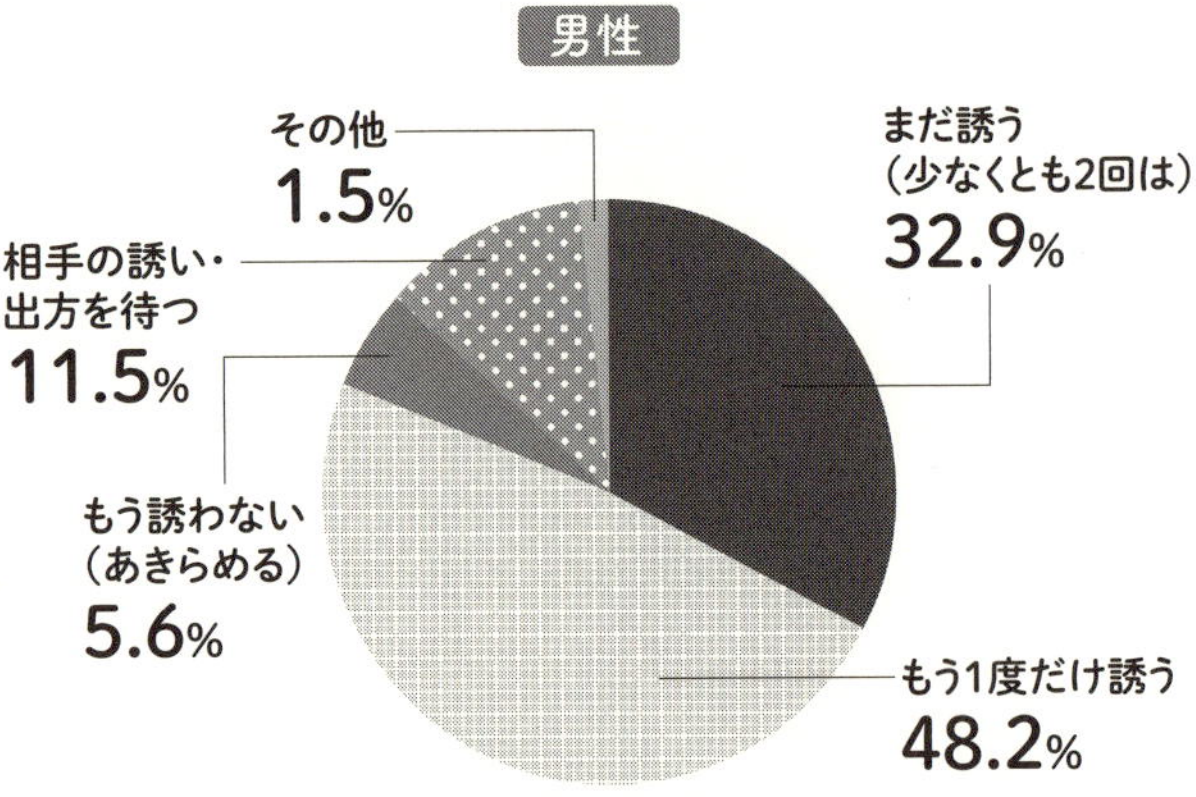

（合計：570票）

第3章

狙ったオンナを必ず落とす立ち居振る舞い

RULE 18－31

Introduction

オンナのタイプを見極めてますか？

さて、ここまで本書の内容を着々と実行に移してこられたアナタは、かなりのモテ男になっていることと思われます。もしも、狙いのカノジョのアタリは良いけど当分落ちる気配がないようだったら、ひとまず、ここで、オンナをタイプ別に研究してみましょう。もしも、特殊なケースに挑んでいる場合は、なるべく早くポイントを知っておくべきです。

それでは、さっそく、タイプ別に見て行きましょう。

●姉御肌

このタイプはとにかく世話好き。男性に、困ったぁ〜とか、どうしよう〜とか、疲れたよぉ〜って嘆かれると、かわいくて、放っておけない。じつは大きく二つの系統に分かれている。

一つは、とにかくぜーんぶ面倒を見てあげられることに、母としての幸せを感じている系。もう一つは、たまたま引っ張っていってくれるような男性に巡り合わなかったために、いつしかそうなってしまった系。前者ならば、徹底して甘えるのが良いし、後者なら、俺についていて来いっ発言で、やっと巡り合えた！　となり、イチコロと思われる。いずれにしても、ナイーブで優しく、女性らしい心の持ち主。感謝、評価されることによって、苦労は吹き飛び、さらに頑張れるタイプ。

●猫派

甘え上手なだけにモテる。それが、テなのか、根っからの甘えたなのかを見極めるべし。前者であれば、放置プレイがおススメ。モテ慣れしてるので、猫テで振り向かないオトコは不思議でならず、気掛かりな存在になり、自ら落とそうと思い始める。後者は、飴とムチの使い分けでいく（第4章　ルール36参照）。

●ムード派

少女漫画や宝塚歌劇を観て育ってきた派と、音楽、美術などの芸術系に分かれる。

前者であれば、とにかくムードあるデートを重ねて、ステディな関係を迫るのはぐっと後。後者の場合は、その方面を研究するべし。ステディな関係も芸術の一部という思考回路を持つ。情熱的なので、それに応える意気込みが大切。いずれにしても、恋愛のスタイルには夢があり、世間一般の常識を押し付けられるのは苦手。

●現実系

１９８０年代の末、バブル全盛期に〝三高〟という流行語があった。かつて女性達は結婚相手に望む条件として、高学歴、高収入、高身長の三つを挙げていたのである。

時代は移り変わり、ＩＴバブルを俄《にわか》に味わい、そこに勝ち組と負け組をハッキリと見せつけられている昨今、オトコに何か一つだけ秀《ひい》でた才能を感じればそこに賭けてみようと考えていた女性達も続々と尻込みしつつある。

そして、バブル時代とＩＴバブル期の両方を見てきている世代の女性達は、ある結論に辿《たど》り着いたのであった。これが現実派の女達である。カノジョが30代に突入しているようならば、このタイプの可能性は大いにあるので、とりあえず注意しておいたほうが良い。

男性に三高を求めるでもなく、一山当てようなどのリスキーな賭けなどには毛頭出ない。結果、オトコは収入、見た目、才能、精神等々あらゆる面において60～70点程度というのがもっとも安全なのだという考え方にまとまった。だから恋愛度（好き度）もそのくらいがベストと思うことにしていたりする。何事も普通よりもちょっと上、中の上でまとまっていることを好むので、バランスの良い人間性をアピールすることが大切。

●ゴージャス系

このゴージャス系というのは、ラインストーンでキラキラ輝かせている～とかではなく、服も宝石も時計もぜーんぶ高価なブランドものを身につけている女性のことを指します。

イイ男達をはべらせているようで、純愛となると意外と競争率が低いのがこのタイプの特徴。このオンナは金がかかりそうだ、性格が悪そうと思われやすく、よほどの自信家（資金的に）じゃなければ、向かっていかないと思われる。女性のほうも、自分は、よほどの金持ちじゃなければ満足しないということを自覚している。

ゴージャス系の弱点はズバリ歳。若いうちはエラそ～なことをのたまうが、イタイ目に遭う率も高いゆえ、歳をとるにつれ、それは急速に弱まる。30代後半で独身、仕事も不安定といった状況であれば、改心し始める場合もあるが、そこからどうなってゆくかは見モノ。若いうちから、オトコの歳は一切問わない。自らが実業家になってしまっていれば、一生ゴージャス！　まっしぐら。オトコにもゴージャスさを求める。

●清純派小悪魔系

猫をかぶりまくっているゆえ、なかなか内面を見抜きにくく、男性にとっては手強《てごわ》いタイプだが、見た目的にはもっとも男ウケする。清純派、家庭的なオンナを装いつつ、超現実的な観点でいろんなオトコを見ていたりするが、それは本能によるものなので、悪いことではない。しかし、現実派よりも考え方や視点は甘く、揺らぎやすい。実像が見えにくいため、ゴージャス系よりも扱い方を間違える可能性は高い。そこを見抜く鋭い視点にはめっぽう弱く、すべてを理解し、大きく包み込んでくれる男性を求めている。女性ならば、このタイプはすぐにピンとくるので、知人などに見てもらったほうが早いかも。

アナタの好きになった女性のタイプ、このなかにいそうですか？　いずれお手合わせするかも知れないし、うわべと内面のギャップなど、ポイントくらいは押さえておくことをオススメします。世間一般にはどうであれ、自分にとって、適する女性であるかを見極めることも大切です。

でもね、どのタイプも、オンナは真剣に恋をすると、変わります。多かれ少なかれ、みーんな、かわいく、良いコになっちゃうんだから。一方で、このオトコは関係ないなって判断すると、気にいられようとも何とも思わなくなる。そういった意味では、オンナってものすごくハッキリしているのよね……。

RULE
18
自分にとっての売り手市場なのかを把握する

狙ったオンナは確実に落とせる、と確かに思うことです。不屈の精神があれば、この世のことはすべて、とは言わないけれども、オトコとオンナの関係だったら、必ずや道は開けます。へこんだり、ムッとしたりして、も～やめとこって諦めてしまうと、そこで終わるんだけどね。

それはさておき、過去を振り返ってみると、狙った人に最初から比較的すんなりと受け入れられたって場合もあれば、箸にも棒にもかからなかったってことあるでしょ？　誰にでも、好きなタイプというものがあるように、モテやすいタイプというものがあるのです。得意科目と不得意科目のように、お嬢様タイプにはウケが良いけど、小悪魔タイプはどうもいつも反応が悪いんだよなぁといったようなね。

しかし、そこで諦める必要はありません。オンナは結構、言います。

「好きなタイプと付き合う人って、全然違うんだよねぇ～」と。

そして、「今まで付き合った人って、あんまり似てない。好きになった人がタイプ」ともね。

私も本当にそう思います。いったん、その男性のことが気になりだすと、あれよあれよという間に、ぜーんぶ好きって状態になっちゃったりしますもの。

でもね、オンナがそうなるまでの距離感というものは知っておいたほうが良いと思うの。相手のなかの自分のポジションを見極めて、最初から、それなりの覚悟を決めておくってこと。

そりゃあね、ウケの良いタイプを狙っておいたほうが、話は早いし、コトは何かとスムーズに運ぶ。へこみたくなければ、そういった領域でお気に入りを探すっていうのもアリかも知れない。つまり、売り手市場で勝負するということ。

たとえば銀座での私は、芸能人・スポーツ選手系にはまったくウケませんでした。だから、そんなお客さまにははじめっから寄りつかず、他のホステスにおまかせ。無駄撃ちはしないの。はずせばそれなりにしょげるし、相手にも悪い。ところが、どういうわけか40代ビジネスマン系には大人気！　私にとっての売り手市場はココというわけ。

でも、私にとって銀座はお仕事。アナタにとって恋愛は真剣勝負でしょ？　それに男性って、ちょっとムリめにココロ惹かれるのでは？

いずれにしても、狙ったオンナとの距離がどれくらいあるのか知るべきです。

結構、遠い道程だなぁ、と感じたら、自分にどのくらいガッツがあるか今一度、考えてみる。売り手市場ではないところで戦うのだという心構えがないと、そのうち息切れします。他へ行くほうが身のためかも知れないと思ったら、あまりアタマを捻らず、ほどほどの頑張りまでにしておいて、泳がしておく。余裕な態度が相手をぐっと引き寄せることもあるかも知れない。

逆に、それでも俺はこのオンナが好きだ！　諦められない、という場合は、猪突猛進であたって砕けてはダメよ。じっくり、どっしりと構えて、スィートな関係になるまで、ひたすらクールにモテ・テクニックを駆使してゆく。

狙ったオンナを確実に落とす。

それにはまず、売り手市場なのか逆風が吹く場所なのかを知ることが大切よ。

TECHNIQUE

確実に狙うなら自分をタイプだと言うオンナが◎

RULE

19 自分好きでモテ・オーラを作る

「俺ってモテないんだけどさあ、どうすれば良いと思う？」と言われると、どうしてだろう？　と思いながら、まじまじとその男性を眺めてしまったりすることはよくあります。だって、ルックスがそんなに悪いわけでもなく、性格もひねくれてはいなさそう（そんな質問するくらいだしね）。でも、何か足りないものがあるのは分かる。大きな何かが……。で、いつも気付くの。この人に足りないのは自信だ！　って。

顔立ちやスタイルの良し悪しとはまったく関係なく、自信のなさそうな人ってモテ・オーラが出ないのよね。男女問わずね。うーん、モテないだろうねって思えてくる。

このモテそうだ、モテなさそうだ、というイメージを与えることは、さらにアナタをその方向に引っ張っていくものです。要するに、モテ・オーラが出ていないと、モテにくくなるってこと。

ホステスでもＯＬでも、ルックスは十人並みって感じなのに、妙にイイ女だって思わせるコがいる。そういう女性には、相手に一目置かせるような華やかさや、タダ者ではない、自信ありげなムードが漂っているのです。あ〜、オトコに縁ありそうだなと思わせる。男性にも同じことが言えるの。

「俺、大したオトコじゃないから、そんな自分に自信持てないよ」と言うのであれば、それがいけないのです。そうなの？　って、急にそんな気がしてきてしまい、相手は興味をなくしはじめる。逆に、ハッタリでもモテそうな匂いがすると、どれどれ、クンクン、したくなる。

でもね、モテ・オーラを放《はな》っている人達をよおく見ていると、自信の裏に確たる根拠ナンテあまりないみたい。高学歴でも、高収入でも、好ルックスでも、オーラの出てない男性は（女性も）いっぱいいるし。どうしたらアナタ、そんなに自分に自信が持てるの？　くらいのインパクトを相手に与えて、モテてるんだわね、きっと……と思わせてしまうが勝ちみたい。

そういえば、私だってそうとも言えるかも知れない。

銀座のホステスには、超キレイな女はいっぱいいるし、スタイルだって、ウエストがキュ〜って締まっていたり、足がスラリと伸びていたりするのはザクザクいる。その線じゃ完璧に勝負にならないけれど、だったら私は癒し系？　なんて思って、自信をなくすどころか、自分のチャームポイントをそれなりに見いだして一線に（気持ち的に）並んじゃう。どこかでは（どこだ？）すごくウケてます的にね。どんなキレイどころが隣に座っても、びくびくしない。そのうち、私を求める時が来るかも知れないわよ、くらい堂々と。そんな自己演出は結構、頑張ってます。

これって自分のことが好きだからできるんだよね。自分には魅力がないからモテない、もうダメ……って、そのままにしておいたら、周りの人どころか、自分さえも見放してるじゃない？　自分のファンはまず自分から。ちょっと崩れた顔立ちをしてても、工夫しながら、チャーミングでしょ？　って相手に思わせる。ぽっちゃり体形だって、抱き心地良いんだからぁ～くらいに、私は考えてる。この、自らのゴリ押しで（？）作っていく自信は、確実にモテ・オーラになるのです。

とにもかくにも俺はイイ男なんだ。オマエもそのうち気付く！　って自信を持つことで、「本当？　なのかも…？」と、まずはモテ・オーラを相手に感じさせましょう。

TECHNIQUE

根拠のない自信を持ち、自己演出を頑張る

自分の「恋愛力」は?

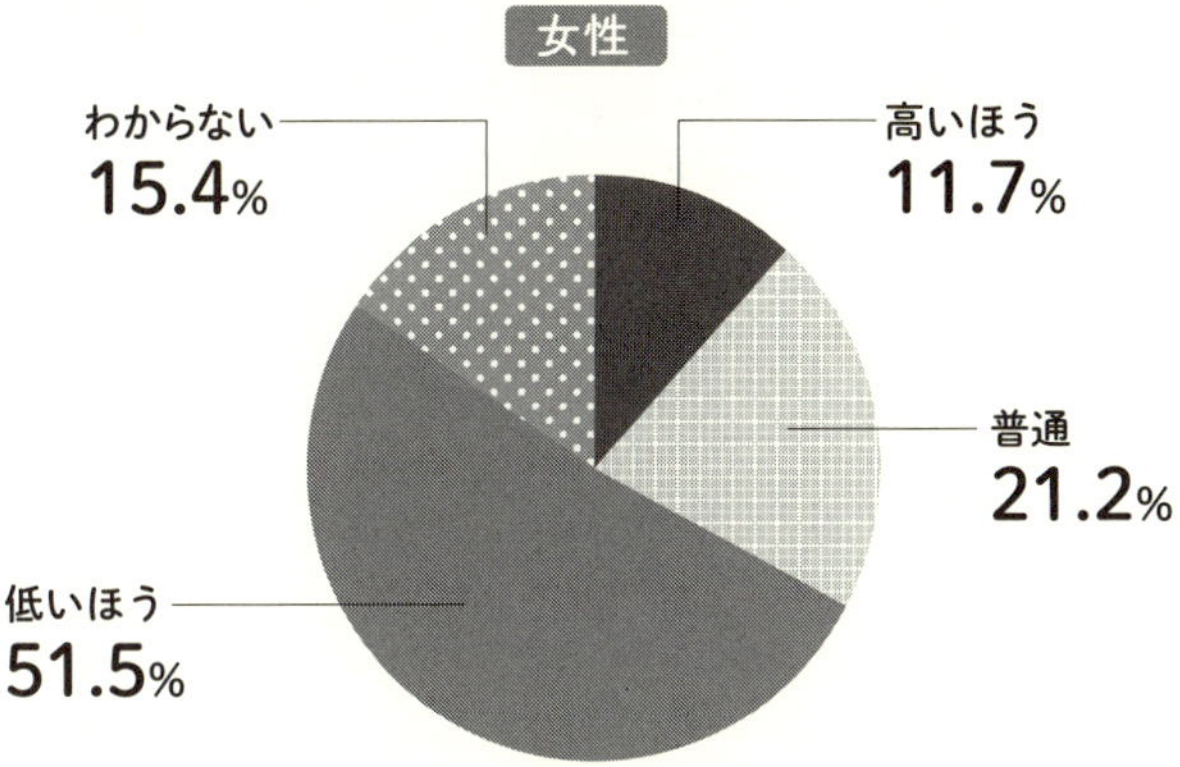

（合計：485票）

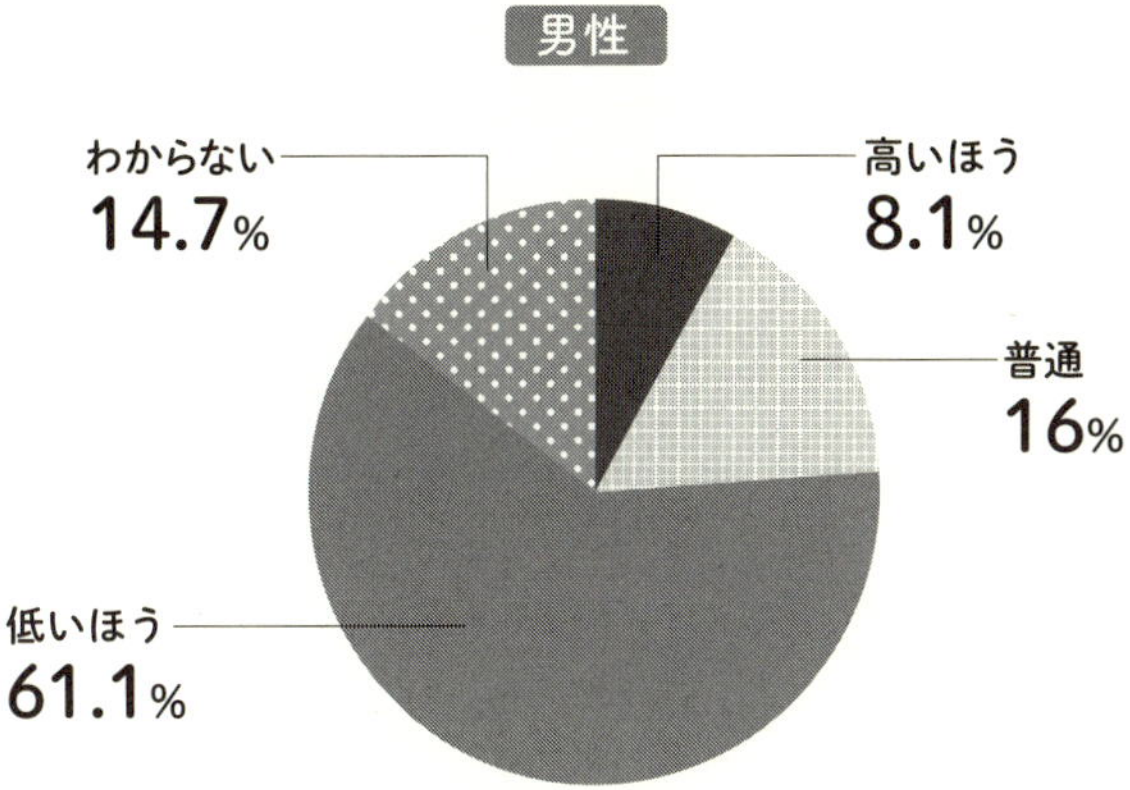

（合計：468票）

RULE

20 レディファーストを徹底する

レディファーストという言葉の意味を知っていますか？　広辞苑で調べてみると、「女性を尊重して優先させる欧米風の習慣」とあります。ふむふむ。そんなとこだろうと思う。でもね、実生活で女性が感じているレディファーストの必要性って、尊重とか、優先とか、そんなものじゃない気がします。そういった意味では、ホテルマン、クラブの黒服、ポーター達は実生活レベルにおいて完璧に近いなぁと思う。

女的にはね、守ってもらっている、助けてもらってるって感覚なの。ゆえに、本来の言葉の意味をはずれることも多々ありますが、シーン別にリストアップしてみました。

これをしてくれている男性とそうでない男性は、3対7くらいのイメージです。「そんなのやってらんない」って、思いますか？　それだけに、してくれた時のイメージUPはかなりのものが期待できます。

守られている気分になることは、女性としてはとっても嬉しいのです。大人のオトコだなぁ～って感じるのはもちろんのこと、ずっと守ってもらいたいな、とか、女性として何かこの人に尽くしたいな、と思い始めるのもこんな瞬間から。

男性が、男性らしく振る舞うから、女性は女性らしくなれるのです。どちらが先に始めるのかは分からないけれど、習慣のようなものなので、一度身につけてしまうと、無意識に体が動くようになるみたい。ぜひトライしてみて。

●店のドアは常に先に開けてあげて、女性を先に通すこと。
●駐車場に車を止めている場合は、助手席のドアを開けて、女性を先に乗せる。
●タクシーは女性の前に乗り込む。降りる時は女性が先。男性は後から料金を支払って降りる。
●エレベーターは後から乗って、後から降りる。
●飛行機や電車の席は、男性が通路側に座り、女性をその内側に座らせる。
●歩道は女性を内側にして、男性は車道側を歩く。
●重そうな手荷物は持ってあげる。
●カウンターなど、横並びに座る場合、椅子は引いてあげる。
●シャンパン、ワインは女性に注がせない。
●オーダーは女性に言わせない。
●待ち合わせは、なるべく「迎えに行く」と言う。

●シャワールームは女性に先に使ってもらう。
●コートなど、高めの位置にかけてある場合は取って、着せてあげる（店がやってくれない場合のみ）。
●帰りは必ず送っていく。

などなど。女性を守ろうという意識があれば、他にもいっぱいありそうな……。
アナタなりのレディファースト、心掛けてみてくださいね！

TECHNIQUE

「レディファースト＝守られている」がオンナの認識

告白するときってどうしたい?

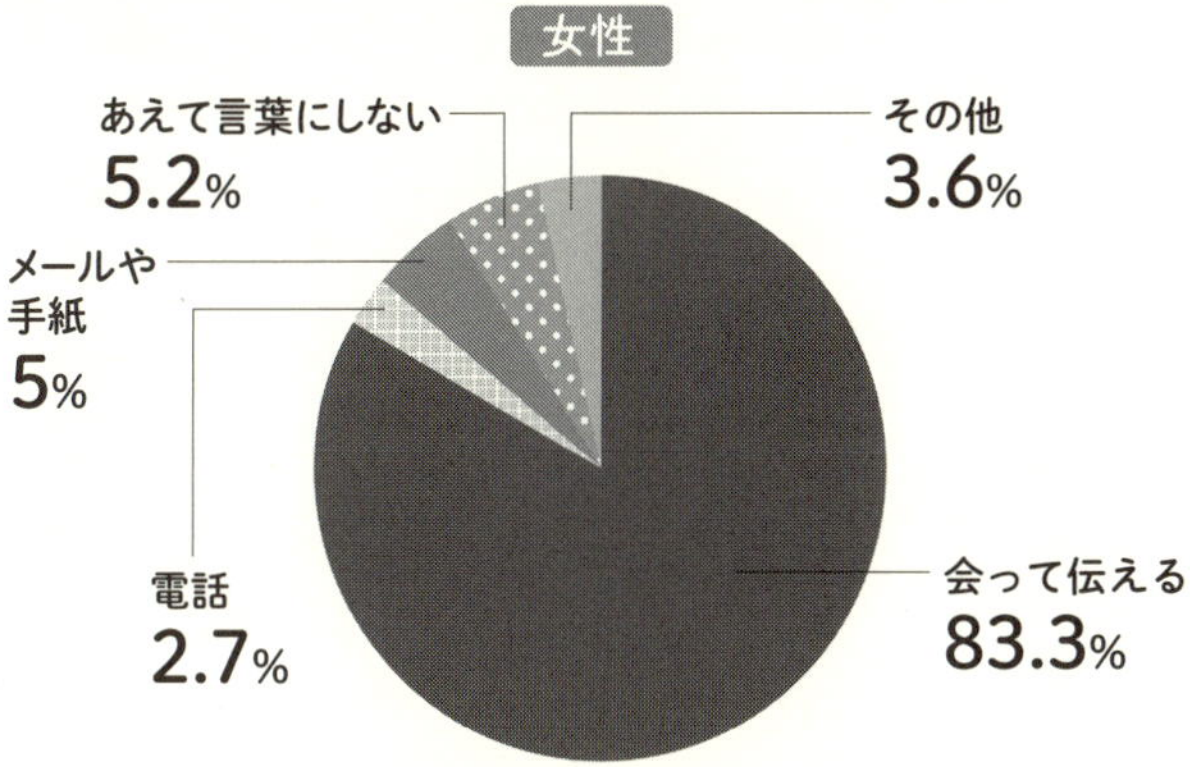

(合計：360票)

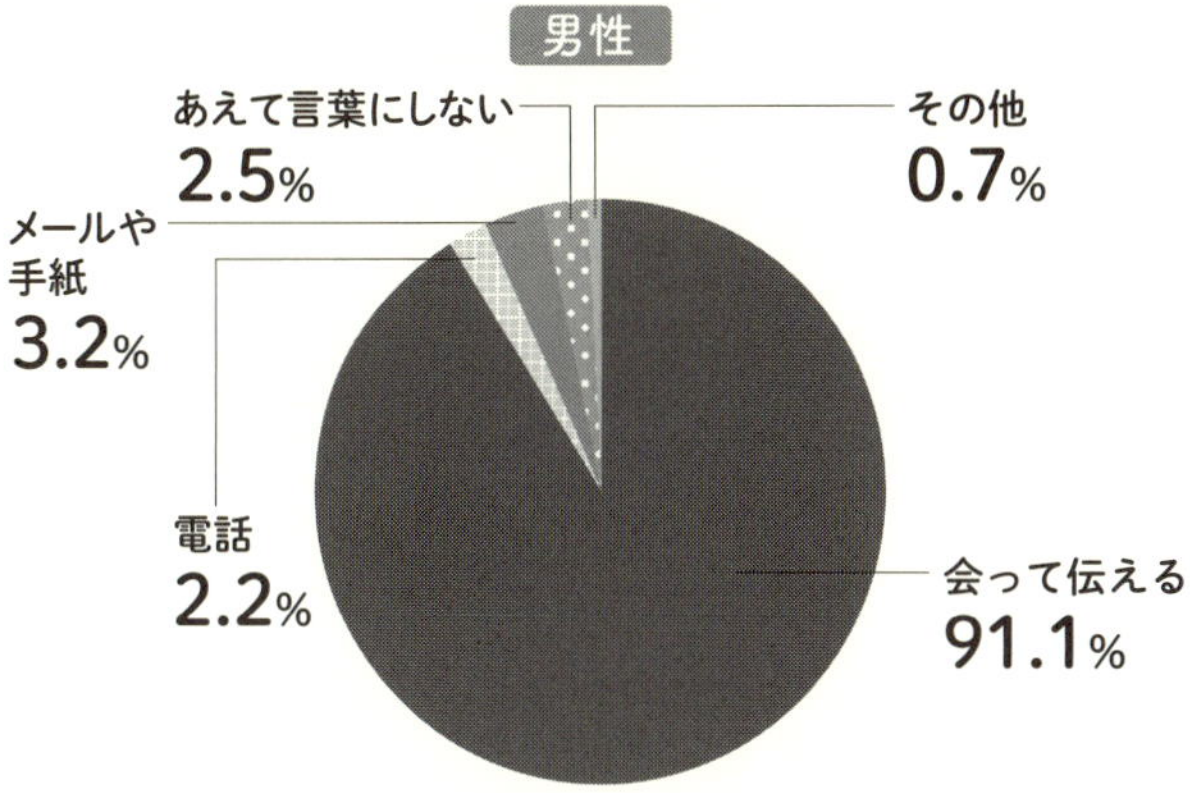

(合計：395票)

RULE

21

過去のカノジョの話はさらりと

ちょっと好意を持ち始めると、相手のことが知りたい、出会う以前のことをもっと詳しく教えて欲しいとは、オンナはごくフツウに思うことです。純粋な気持ちから、そう考えるのだけれど、聞いた瞬間、アナタの語った事柄は、すべて傾向と対策のための裏情報と化してしまうから不思議。

近い将来、ステディな関係になるかも知れないのだから、リサーチ、リサーチって気持ちで、耳を澄まし、自らもあれやこれやと質問をしてみたりして、補足説明をいただきながら、洞察し分析をするの。

よく、女性のカンは鋭い！　とか言われるけれど、それって、情報収集のタマモノなんです。遺伝子的に、騙されずに、自分にとって一番ステキな相手を選ぶぞ！　と進化していった結果、得られた能力なんですって。男性には、あまり警戒せずに、すらすらと自分のことを話してくれる人が多いから、ありがたい&時に迷惑だったりもする。

とりわけ、今まで付き合ってきたカノジョの話は、一言も逃さずに聞かれていると思ったほうがいい。アナタにとってはもう終わった恋で、過去の女性だって意識があるから、あんなことあったなぁとタダの思い出を語ったにすぎないのだけれど、女性は、二度あることは三度ある的な考え方をしてしまう。だから、前カノの悪口を言えば、私もいずれそう言われるんだワ、と思われてしまうわけで、「俺から別れを告げたんだ。他に好きなコができてさ。しょーがないよねぇ」などとヌカしている場合ではない。

はたまた女性には、過去の女達に劣りたくはないといった、競争心もあったりする。

「毎日、3回はメールして、週末はいつも一緒でさぁ」などと言うならば、それは目の前のカノジョにもすることが前提です。すごい大変だったから、今度からは「すまい」と決めたのに……、などと悔やんでも後の祭りなの。

ポロッと独り言のように、うっかりなことを言ってはなりませんよ。また、罠を仕掛けられる場合もありますから、くれぐれもご注意を。

たとえば、「海外旅行とかするの？」ナンテ、ごくフツウの質問に、「ハワイとか、グアムとか」って、アナタが答えたとするでしょう？

「ふぅーん。誰と行くの？　カノジョとか？」なんて、さらりと間《あい》の手を入れられて、「まぁね」ナンテ、言ってしまったら、『るるぶ〜ハワイorグアム〜』なんかが目の前にパサリと置かれるのは、もはや時間の問題。ステディな関係になる前に、すでに裏はとってあるのよ、フフフフフ……。

だけどね、オンナには、過去のカノジョのことを聞いてしまったからには、自分も努力しなければばっていうかわいいトコもあるのです。聞かなきゃよかったよぉって思いつつも、過去の女達よりもアナタに愛されたいってね。そんな風にプライドをくすぐるのが、思い出話の役割なんじゃないかと思います。

たとえば、「若いコだったけど、礼儀がちゃんとしててね。作法にも詳しくて……」などと小耳に挟んでしまったら、明日さっそく本屋に行ってマナー本を買うだろうし、「花を飾ったりしてくれて、女性らしい人だったんだけど……」って一度でも聞いたら、アナタの家を訪れる日が来た暁《あかつき》には、胸に花束を抱えてやってくるはず。

過去のことは、有効になりそうなことだけ、嫌みにならない程度に話していく。競争心を煽《あお》るというのではなく、この男性は、代々なかなかイイ女と付き合っているんだわと思わせることによって、オトコも上がる。このチラリズムが大切よ。

TECHNIQUE

過去の事柄は有効なポイントだけ話す

好きになった相手の、過去の恋人のことは…

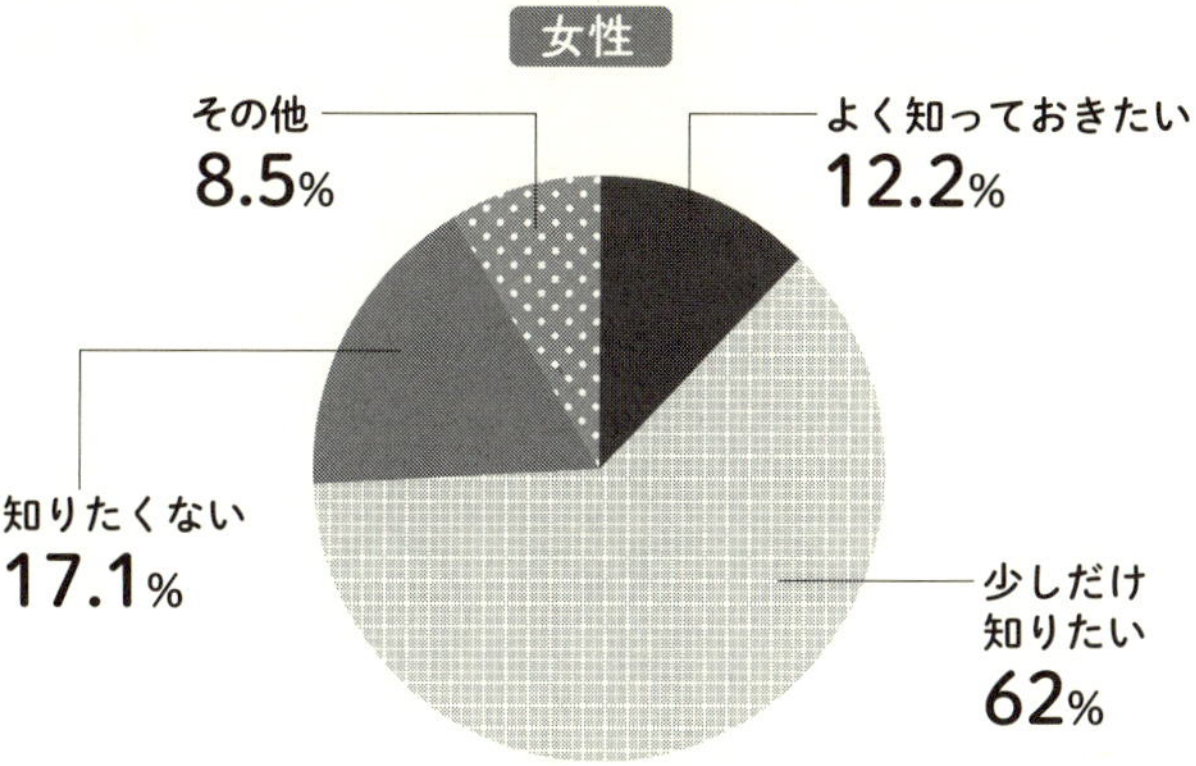

（合計：572票）

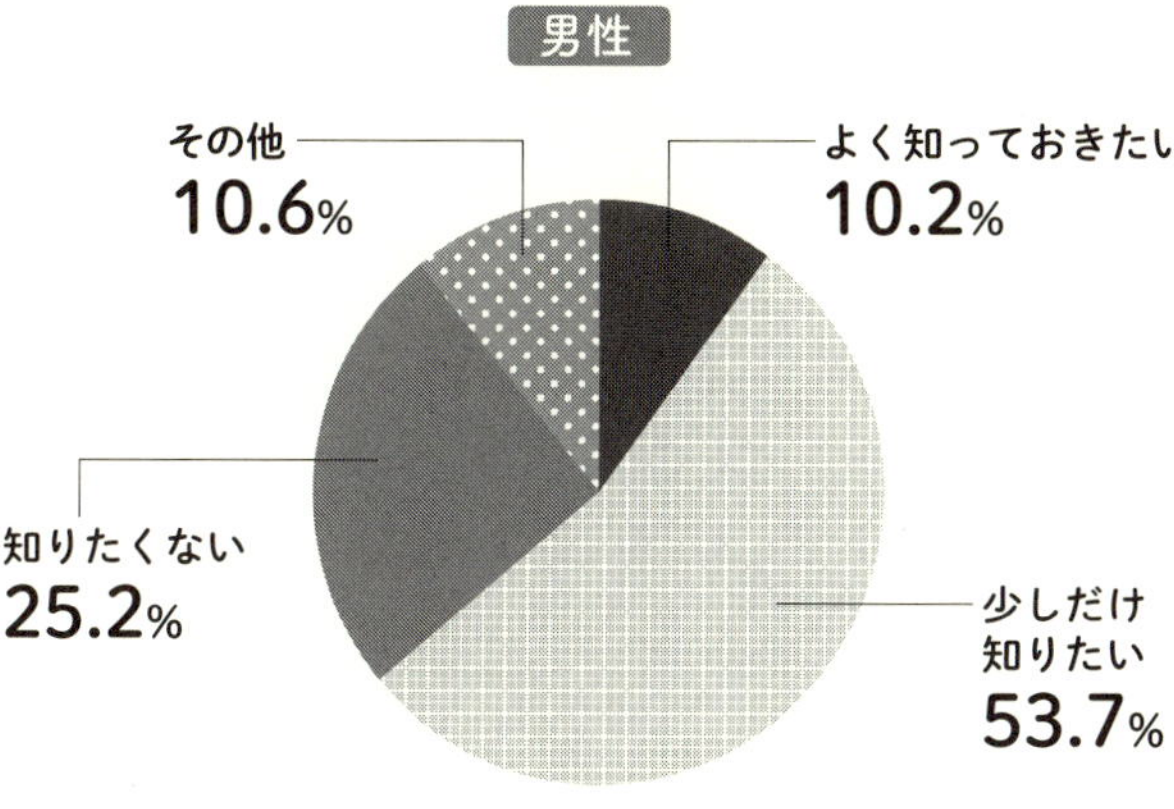

（合計：487票）

RULE
22
見栄は堂々と張れば嫌らしくなくなる

銀座のクラブほど、男性が露骨に見栄を張り合う場所は、なかなかないんじゃないかと思います。見栄を張るのが当たり前になっているのね。ゆえに見栄の張り方がとってもうまいんです。うわべを飾ろうという気持ち自体、嫌らしいなって思うから、フツウだったら、隠そうとする。それがないのです。

お客さま同士って結構意識してるもんで、たとえば、シャンパンなどを取っている席があったりしたら、俺もカッコつけなきゃって少なからず思うみたい。でもね、黙って俺も……という人はまずいない。

「おっ。あのお客さん、シャンパンなんか取っちゃって。気取りやがって、やだねー」とか、まず言うの。そして、「負けてらんないな。俺も一本、ムリすっか」などと言うので、

「え〜っ。いいのぉ？　ムリしなくていいわよぉ。来てくれただけで嬉しいんだからっ」と、ホステスは軽くなだめる。

するとね、「おぅおぅ。俺にもたまには見栄を張らせてくれよ。一本、もってこーい」。きゃあ〜カッコイイっ。パチパチパチパチ……となるワケ。バカげてる？

シャンパンはどうでもいいのです。ムリしたぞって明るくその心情を言えてしまうところが、大人のオトコだなって思うの。実際に見栄を張った姿は愛しくて、嫌らしさがない。

ホステスもね、普段、着物派のコが、胸の開いたドレスを着たりした時は、「今日は頑張ってみましたぁ～」って、照れの部分をそのまま言っちゃう。「その胸、オカシイ！　偽りと見たっ」ナンテ、突っ込まれるけど、「ホンモノでぇ～す」と、後は軽く受け流す。「でも、なかなか似合ってるよ。ドレス、どんどん着たほうがいいよ」って、その頑張ってる精神までも優しく受け入れてもらえることがほとんど。

気付かれないように見栄を張りたいのが男ゴコロとは思うけれど、実際それはとっても難しいことだと思う。そもそも、本気でうわべだけを飾りたいナンテ思わないほうが良いんじゃなくて？　女性に気付いてないフリなんかされたら、一人芝居もいいとこよ。

待ち合わせ場所、レストラン、ファッションにプレゼント、何でもかんでも、「俺なりに気張ったんだけどさぁ、どうよ？」って一言に、オンナはホロリとくる。惚れちゃうって、そんな人柄が見えた一瞬だったりするのよね。うわべもココロも、見栄は堂々と！

TECHNIQUE

自分なりに気張った姿はオンナをホロリとさせる

RULE

23

時には甘えて母性本能をくすぐろう

何度かデートを重ねたら、たまには母性本能をくすぐってみてはいかがでしょう。

女性の望みをなるべく叶えてくれようとしたり、ぐいぐい引っ張っていってくれるのは、もちろん、オトコらしくてステキです。でもね、時には甘えられるのも、オンナって好きなのよね。特に普段、オトコらしいタイプの男性に、そうされると、ドキッ！　とくるんです。一気に親近感が湧くし、愛情、深まりますヨ。

コレ、おそらく子供を産んで、守り、育てるという遺伝子の働きからくることなんじゃないかしら。いわゆる、母性本能ってやつね。これがものすごく強いオンナが世の中には、結構いるのです。姉御肌というか、世話女房というか、いや、もうそのものズバリ、母だな。「年下の男性がかわいくて好き」なんて言ってるコはまずそうだし、ステディになると年齢は関係なく、本能があらわになってしまうという場合もある。何から何まで面倒を見てあげちゃう、というかあげたいのね。一緒に住んだら、パンツや靴下を履かせてあげたり、ごはんはもちろんほとんど手作りで、シャンプーもしちゃったり、洋服までコーディネイトしてしまう女性達を、私はいっぱい知っています。そこまでされるとコワイと男性は思うのかも知れないけれど、慣らされてしまうと、ラクすぎて抜けられなくなるみたいよ。

私は、今まで付き合ってきた男性はオール年上だし、性格的にもついていきたいタイプなのですが、それが生きがいだといったような女ゴコロは分からなくもない。そういう遺伝子は、多かれ少なかれ、オンナにはあるんだなって思います。

だからね、時々、甘えられるっていうのは、遺伝子が反応するような感じカナ。

段々と親しくなってきたら、「今夜は愚痴ってもいい？」とか、「もうちょっと一緒にいて。お酒付き合ってよ」とか、時には「俺はダメだぁ～」と言って、オンナの胸にすがりついてみても良いと思う。

私個人としては、「俺って、君がいないとダメなんだよね」って、ポロッと言われると、めちゃめちゃトキメく。ココロから嬉しくて、母性本能も炸裂。じゃあ、ずぅっと一緒にいてあげるわって、その時は、ホントに思っちゃうのよね。

TECHNIQUE

オンナに弱音を吐くことは、女心をくすぐる率高し

RULE

24

ステキなデートを重ねても、徹底して抱かない

オトコとオンナ、二人で会い始めた頃は、お互いに緊張感もあるし、デート中は盛り上げなくてはといった意識が強いのではないか、と思います。

もしも合わないなぁと思ったり、思っていた人と違ったかもと思い始めている場合、女性の気持ちは如実に態度に表れます。アナタがイマイチのギャグを言った時でも、カノジョが「キャハーっ」って笑ってくれるか。取り留めのない話になったとしても、「うん、うん、それでそれで?」とか、「そっかぁ〜」といったように、聞く態勢が前向きかということをチェックすれば、すぐに分かるはず。

また、ちょっとノリが良くないかもしれないと思っても、カノジョがデートに応じるようであれば、問題はありません。アナタのことが少なからず気になっていますから。その女性はまだアナタに慣れていないのかも知れないし、単に用心深いといったことも考えられます。

ジャッジを早まらないで、徐々に打ち解けてくれるのを焦らず待ちましょう。目には見えなくても、ココロのなかでは、ぐっとアナタに惹かれていたりすることはあるのです。そう

いう女性は、一度ココロを開くと、かなりの熱愛に発展する傾向が見られます。

と言いつつも、「じゃあ、この先、俺達、どうなるの？」って気持ちは、デートを重ねるに従って、膨らんでいくものだとは思う。

私はね、二人きりで会い始めると、大体3回目くらいで、そういった（ステディ＝肉体関係を迫る）感情を匂わされることが多かったカナ。

きたきたきた～って感じなだけに、そこで気分はグッと盛り下がってしまう。だって、いつものパターンなんですもの。あ、この時をアナタは待っていたのねって感じなのです。

つまり、これは女性に余裕を与えていることでもあるわけ。男性は、その選択権を女性に握らせてしまっている。行くも行かないもワタシ次第ねって。だから、オンナは急に、どうしようかしら？　って思い始めたりするのです。だって、イイ女は一般的になかなか落ちないものでしょう？　とか、簡単だったと思われないかしらって、軽く高みの見物をきめこむ。

でもね、こういった考えがあるから、逆に女性にとっても、落ちないオトコってのは魅力的に映るの。もったいつける男性はなかなかいないだけに、そういった不安に女性は慣れていない。せっかくだから、そこを狙いましょう。

イイ男は、モテるワケだから、抱けるオンナはいくらでもいるはず。いつまでたっても迫られないと、私のこと、抱きたいって思わないのかな？　とか、他にも女性がいるのかも知れないと、ヤキモキしだしたりする。それを待つ。

そもそもアナタのことが気になる存在であっただけに、想いは急速に高まってゆき、早く抱かれて、私達の関係をハッキリさせたいわ、くらい思わせることができてしまうのです。女性も、好きな人は独り占めしたいしね。

オトコとオンナってどっちみち時間の問題でしょう？　女性の、まだ帰りたくなさそうな気配（抱かれたいシグナル）を感じたら、あと2回は澄まし顔でデートを重ねてください。男性がもったいつけるほど女性は燃えてくる。そうやってステディな関係を結んだほうが、お互いトキメくんだから♡

TECHNIQUE

オンナの抱かれたい信号が出てもまだもったいぶる

「性格」の次にアピールしたいポイントは?

女性

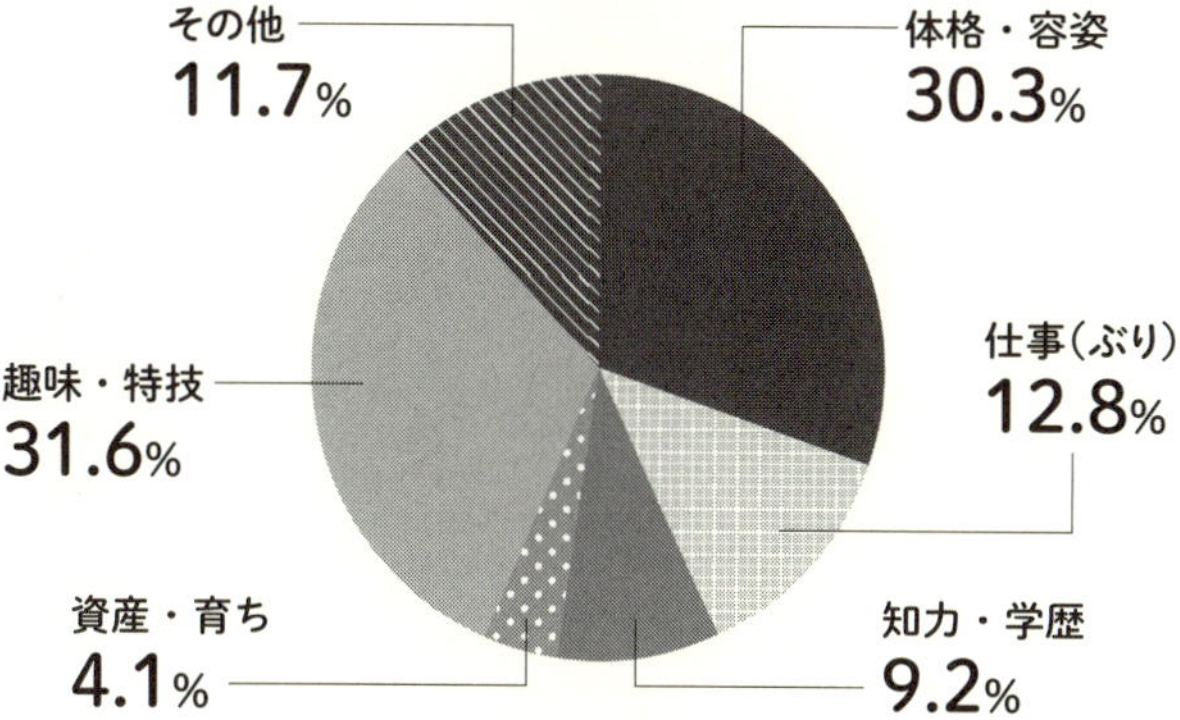

(合計:724票)

男性

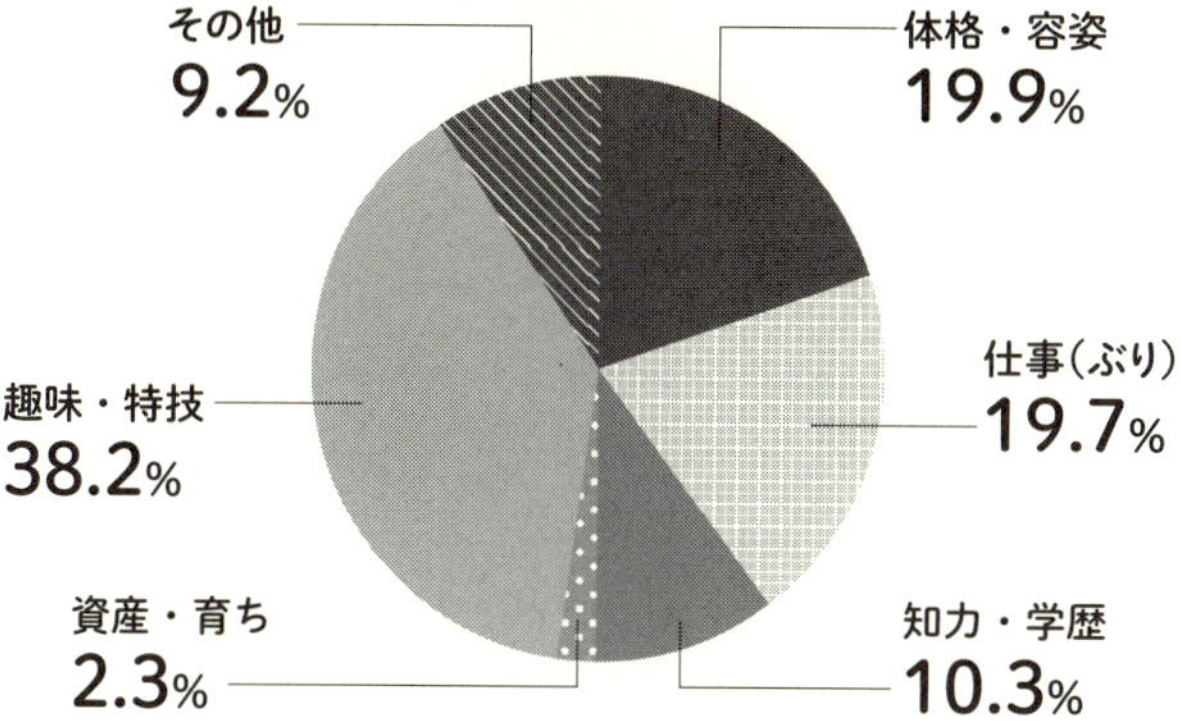

(合計:667票)

RULE

25

忙しさは匂わせないのがマナー

私が見るに、すこぶる忙しそうな雰囲気を漂わす男性って、とっても多いんです。たとえば、携帯電話の扱い一つとっても、それは如実に表れたりする。食事中も、胸元で携帯電話がブルブルって震えだして、「ちょっとごめんね」と言いながら席を立ったり、目の前で取って、小声で話しだすパターンもある。

一方、けっして取ることはしないけれど、メールなのか、着信履歴なのか、チェックだけは怠らなかったり、何も（音も、震えも）起こっていないのに、何十分かおきに、胸の内ポケットから取り出してしまうのがクセになっているような人もいる。

いずれにしても、気分的には、ひとまずシラケます。

よくね、女性でもそういうのいるのよ。オンナの場合は席を立って、しばらく帰ってこなかったり、テーブルクロスの下で、器用にメールを打ち返してたり。食事中くらい、音&バイブレーション、我慢できないのって思って、ヒヤヒヤしてしまうワ。

男性達は必ず言うの。「カレシ、心配してるんじゃない？」ってね。「いえ、そんなんじゃありませんよぉ〜」って言ってるそばから、鳴る。そのオンナもめげずに、「ちょっとごめんなさい」って、再び腰を浮かすんだから、心臓かなりお強いワ。

男性の携帯電話の扱いに対する女性の印象も、同じです。ホントに仕事か？　もしや、オンナがチェックを入れてきている？　または、遊び仲間達の今夜の動きにアンテナ張ってる？　どっちみち、腰の据わらない態度って、男女問わず下品に映るのよね。

だって、仕事もプライベートもそれぞれに忙しいのは皆、同じでしょ？　そこを時間を作って会っているわけだから、匂わせないのはマナーだよね。デキる人ほど、「忙しい」とは絶対に口にしないし、一緒に過ごす人とのコミュニケーションを大切にしている。モテ男ほど、「携帯って便利なようで、すぐにつかまっちゃうから不便だよね。今はプライベートなんだから、電源切っちゃうよ」って、潔《いさぎよ》い。これは感じが良いし、格好良い。

仕事などで、どうしても取らなければいけない電話があるのだとしたら、あらかじめ言っておいたほうが良い。

「一本だけ、用事でかかってくるので、それだけは出なければならないんだ。ごめんね」ってね。もしも他に、何かトラブルがあるんだったら、見えないところで片付けよう！

TECHNIQUE
オンナの前では携帯電話の電源を切る潔さを持つ

RULE

26

自慢話は自然にバレるのが一番

自己アピールは大切だけど、それってタダの自慢話じゃない？　っていう男性、いるんですよね。

もし、アナタにご自慢ポイントがあるのだとして、相手に最大級にスバラシイっ！　と思わせたいのだとしたら、自然にバレるのが一番であることは間違いありません。しかも、そんなスゴイことを、今まで黙っていたなんて！　と、人格まで、最大級に上げられることとなるので、ココは我慢のしどころよ。もしも、自分で明かしたとなったら、一瞬にしてアナタのポジションは圏外となってしまうでしょう。

それでは、女性にとって、それって、もしや自慢か？　と、反発を感じる例を挙げさせていただきます。

●学歴→東大だとか、ハーバードとかは、オマエだけじゃない！

●家柄→家は代々〜、とか親は○×△〜とか、自力で勝負すべき。一般人には耳障り。

●車→心底好きで語る人はＯＫ！　ダケド、「フェラーリ、ポルシェ、ベンツ３台持って

てさ。車庫で眠ってるんだよね。たまには走らせないと、バッテリー上がっちゃうから心配だよ」って、まったく心配してない様子なのはNG。

●クルーザーの画像→現物をなかなか見せられないから、画像で？　おいおい。

●別荘の画像→右に同じ。

●ヤッタ女の数→急に気持ち悪く見える。

●貢がれ自慢→まずはウソであることがほとんど。

●有名人が恋人だった自慢→自慢以前に誰もが特定できる相手の話をするのはルール違反。信用を失う。

●上客自慢→「○○の店は、俺が行くと下にもおかない」「シェフが真っ先に挨拶《あいさつ》に来るしねぇ」って、反応に困る。現場で体験させてくれ。

●クレジットカードの色自慢→ブラックとか、プラチナとか。見せモノ的。

まだまだ、ありますが、キリがないのでこの辺にしといて……。

でもね、こんなアイテムによって女ゴコロをそそりたい場合は、そのまんま言ってしまうべきかも知れない……。言ってることと違いますか？　確かに、そんなモノにつられる女達は実際にいるんです。この場合のオトコとオンナは同類。別れるのは時間の問題で、結局はうまくいかないんだけど、勝手にすればいい。

せめて、オブラートに包もうとする意志があるならば、お友達から言ってもらうこと。

「毎年、夏はコイツの軽井沢の別荘にご厄介になってさ」という感じで。

いやいやいやいや〜、言われてしまったのだからしょーがないってフリできるでしょ？ どうしても我慢できないのであったら、友達同士で連携プレイし合うしかないワ。

TECHNIQUE

自慢話は自分からせず、他人から話してもらう

自分の部屋は恋人を入れられるくらいキチンとしてる?

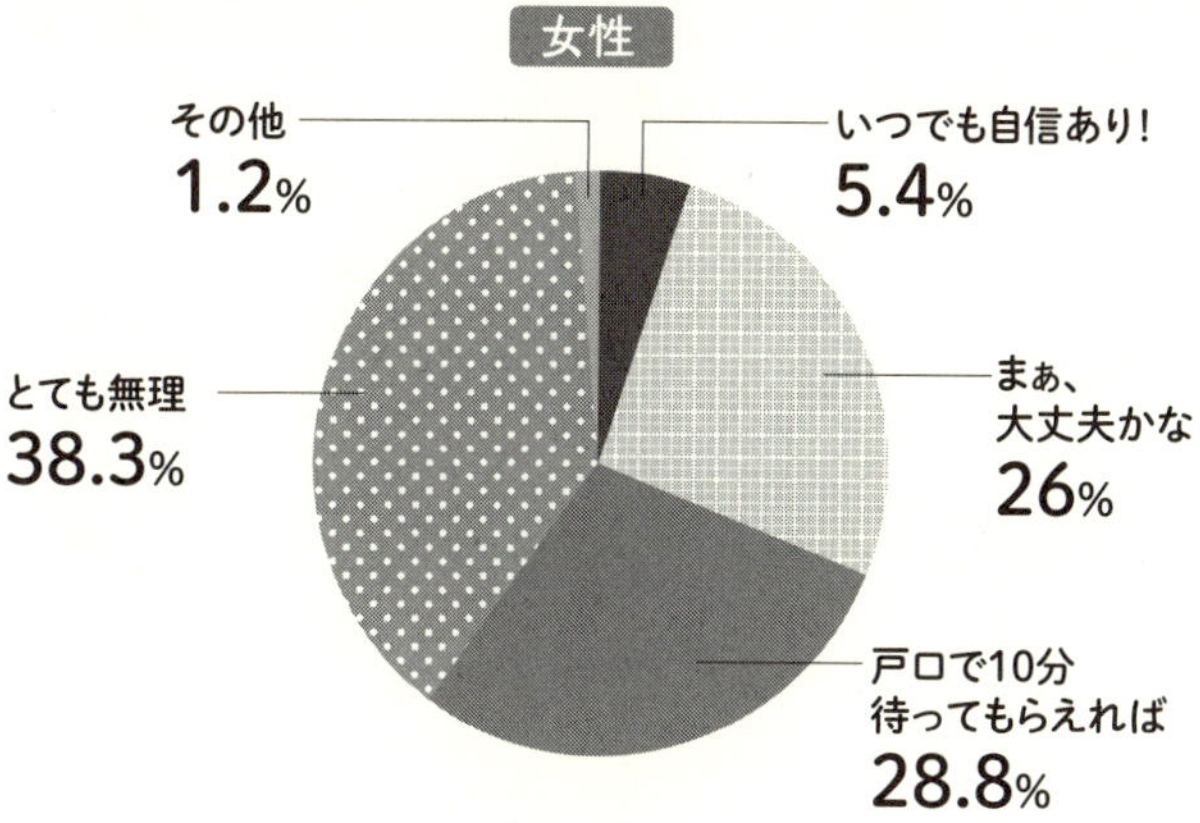

(合計:495票)

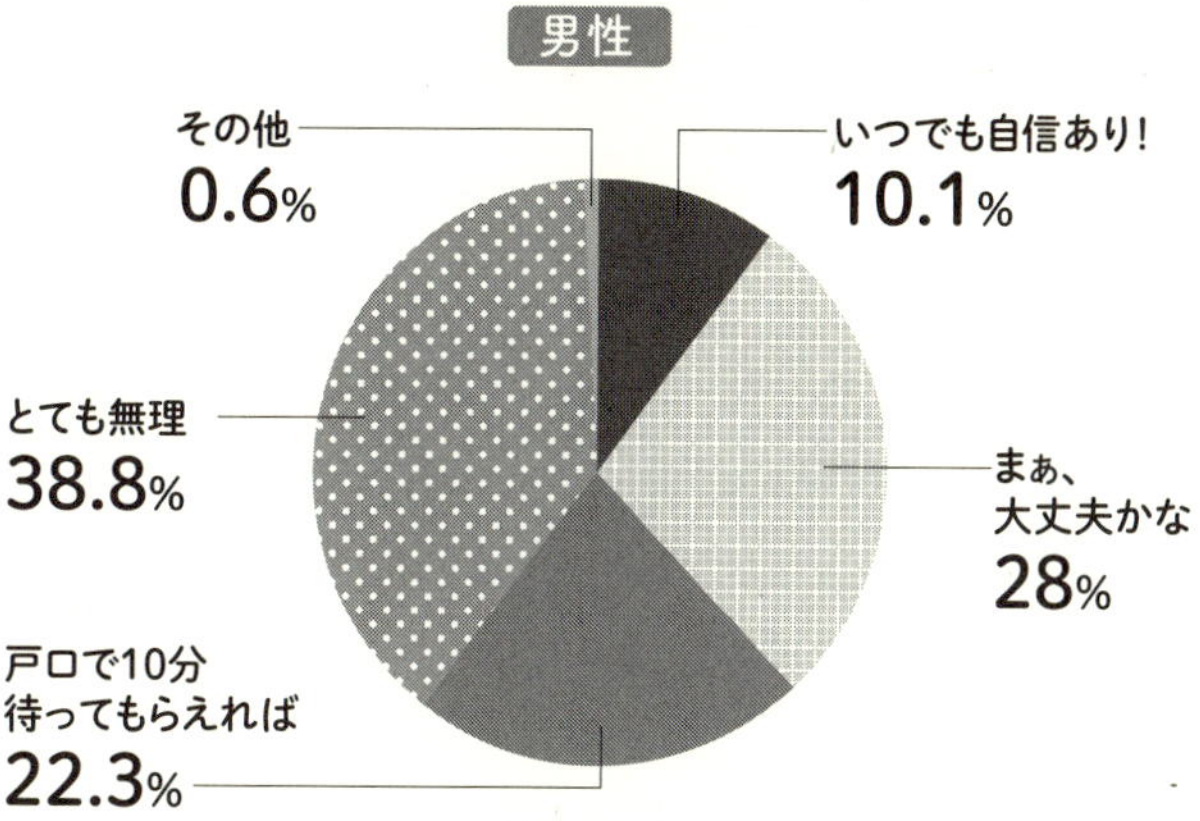

(合計:492票)

RULE

27 ピンチは素直に……その① ムリをしない

レストランなどで、ソムリエからワインリストを手渡されたけれど、どれを選んでいいのかさっぱり分からない！　とか、女性と一緒にそれを見てしまうと、高いモノを選ばないとカッコ悪いかなぁとか、デート中に、軽～く崖っぷちに立たされてしまうことって、男性は結構あるんじゃないかなと思います。このピンチ、どうすればいいのか……。アナタは背中にじっとりと汗をかくことでしょう。

そんな時ね、頑張って高いモノを選んでしまえ！　と、ムリしてはダメよ。こんな場合、見栄を張るのとは話は別です。見栄はそもそも張りたい時に張るんだしね。アナタ自身が楽しめなくなって、デート嫌いになってしまってはいけない。ソムリエを前にしてしまった場合は、まず女性に聞いてみる。

「俺、ワインは飲んでいる回数は自信あるんだけど、ちっとも詳しくならないんだ。何か好きなワインある？」

「うーん。シャトー・マルゴーとか、ラトゥールとか？　うふっ」

常識ある大人だったら、こんなコトを言うはずはない。詳しくても性格が悪いor場を分かっていないオンナとは付き合わないほうが良い。もし、ソムリエやワインアドバイザーなどの資格を持つ女性だったら、まかせておけば逆に安心。美味《おい》しくって、手頃なプライスというバランスの良さをモットーとしていますからね。ま、たいていは、「私も、あまり詳しくないからおまかせします」という答えが返ってくる。そこで、ソムリエにふる。

「酸味があまり強くなくて、軽めの口当たりの……」とか、ナントカのたまう。ソムリエは、変に高価なモノをすすめてはきません。メニューを指し示しながら、3本くらいは挙げるでしょう。その3本とは、ちょい高め、スタンダード、ちょい安めのプライス分け。「じゃあ、コレを……」と、アナタもメニューを指し示せば、女性にとっては何が何だかワカラナイ。というか、そもそも、ワインの味は気分次第だって思うのよ。とにかくムードさえ壊さなければいいの。

今時、まずいワインなんて、お目にかかるほうが難しい。皆、飲みやすいし、それなりの味がする。コンビニで売られてるモノだって、美味しいもの。2本目からは、さらに味なんて分からなくなってしまうということも、アタマに入れておいてね。

TECHNIQUE

ピンチの時は見栄を張らない

RULE

28 ピンチは素直に……その② 女性を味方につける

以前、すでにステディな関係ではあったけれど、まだ付き合って日が浅いオトコと大阪に旅行へ行ったことがあった。タクシーの運転手さんに、「どこか美味しいところ知ってる?」とカレが聞くと、「それなら法善寺横町に行ったら、良い店いっぱいあるよ」と返ってきて、その法善寺横町って場所で降ろしてもらったのです。

そこは、ひなびた下町風情が漂っていて、降り立った瞬間、何だか本当にいいとこ知ったぞって思ったものでした。小さなお店がいっぱい並んでいて、鉄板焼き、焼き鳥、おでん、小料理屋と、その佇《たたず》まいはどこも古い民家みたいな感じなの。

カレとは初めての旅行だったので、匂いや煙にまみれるのもねぇと思って、結局、小料理屋に入ることにいたしました。小さなスペースにカウンターだけのお店で、入ってみると、建物は今にも崩れそうなんだけど、板さんの引き締まった顔つき、真っ白な割烹着、まな板の上の鮃《ひらめ》、研ぎすまされた包丁、手さばきを見て、ピ～ンときました! カウンターの客をすかさず見ると、思いっきり品が良い年輩の紳士の横で、見るからに高そうな着物に身を包む女性が日本酒を差しているではないの。新地(北新地)のホステスと見た。

　ここは……、ただの小料理屋ではないわ。ちらっとカレの顔を見てみる。息が止まってます。入ってしまったからには仕方ない。まぁね、あんまり高いようだったら、注文はおつまみ程度にしておいて、退散すればいいもんね（無言の会話）。やっと息を吸い込む私達。板さんの一人がお品書きをカウンターに広げる。江戸時代の巻物のように、スルスルスルーっと。墨の筆字が姿を現す。ん？　うっ！　おおっ。値段が書いてないワ。

「お飲み物は何にいたしますか？」と板さん。

「と、とりあえず日本酒を……」と私。

「お料理は、おまかせで？」。いえいえトンでもないっ。

「えーっとぉ……。あ、あまりお腹がすいてないので、ちょっとつまみたいんです。もずく酢と、烏賊《いか》の塩辛とぉ～、お椀を、とりあえず……」

　お腹がすいてないというか、胸がいっぱいなんだわよ。最後まで、カレは口数が少なかったわ。その態度にちょっと母性本能をくすぐられたりして。

　それにしてもね、目が飛び出るお会計だった。あ～、ツマミだけにしておいて良かった。

TECHNIQUE

いざという時、オンナは強く機転が利くと心得よ

RULE

29

やる気にさせるホメ言葉を言う

前項の話の続き。その会計はさすがに「私も払うわ」と言わせる値段だったけれど、「いや、大丈夫。でも、旅行中に足りなくなったら貸してね」と、カレは言った。

半ば放心状態でホテルに帰り、自分を取り戻すのに、2時間以上はかかったか……。でもね、カレはそこから、ものすごく私をホメてくれました。

「俺もすぐにやばい雰囲気だなって思ったんだけど、よく察知してくれたね」とか、「俺、どうしようかと思ったよ。フツウに頼まなきゃ変だなって思ってさぁ。何だかカード使うの断りそうな感じだから、現金いくら持ってたかって、一生懸命財布の中身思い出そうとしたり。機転を利かせて、オーダーを最小限に抑えてくれて、ホント感謝だよ」とか、「君はじつはしっかりしてるんだってことが分かった！」などと言ってもらえたので、あの店に行って良かったのかも！　と思ってしまった。こんな風に言ってもらったら、この先も、何かあったらすかさず助け舟を出せるようなオンナでありたいなって思ってしまう。

女性はホメられると、それが嬉しくて、もっと頑張ろう！　となるのです。

「今日はやけにキレイだね」って言われたら、この次はもっとキレイに見られたいって思うし、「君といると安らぐよ」とか言われたら、もっと安らげるような状況を作ってあげたいと思う。日本人の男性はシャイだってよく言われるでしょ？　テレくさくて、なかなか言えないのは分かります。でも、女性って、そういう言葉を励みに頑張るものなのです。そういったことがなければ、すぐに息切れしてしまう。

話はいきなり飛びますが、近年、離婚する率が高いのには、このようなことも大きな理由になっていると思います。ココロでは思っていたとしても、言葉の力ってとても大きいから、言ってあげないと伝わらない。

ホストクラブが流行《はや》るのはそういった理由なの。嘘だと分かっていながらもオンナはホメ言葉を求めてるんだよね。分かってもらえる人がいるんだと思うことで、気持ちが救われるの。銀座のクラブにもそういった役割はあります。

でもね、やっぱり、大切な人間関係は横道それずに、まず家庭、恋人と向き合うのが王道だと思います。言うまでもないけど、口説き文句としてホメ言葉を乱用してはダメよ。

TECHNIQUE

良いところをホメてもっと自分に尽くさせる

RULE

30

品位があるお金の使い方をする

カッコイイ以前のこととして、アタマにしっかりと入れておいてほしいことがあります。実際、とても多いので、単刀直入に言わせてください。

それはね、モテ男みたいに堂々と張る見栄ではなくて、いわゆる一般的なただの見栄っ張りで、じつは相当なケチという男性は、女性にはものすごぉ～く嫌われるというか、裏ではかなりのブーイングが起こっているので、くれぐれも注意してほしいのです。

もちろん、金ならあまってるぜ～と言わんばかりに、ムダにお金を使いまくるというのは、行儀が悪いことです。贅沢するにしても、ちゃんと味わえる範囲でなければ、もったいない。お金って、超現実的&欲望のど真ん中を行くものだけに、使い方には、品位が問われるんですよね。

でね、使いどころは色々とありますが、とにかく食事にだけは、ケチらず、お金をかけたほうが良いです。たまにいるの、「食」に興味のなさそうな人が。男女問わずいる。それなら、そういった人同士で付き合ったほうがいいよね。だって、食べるって、生きることの基本でしょ？　共通のテーマなの。それに食べる行為って、セックスと同じで、一番本能に近い欲望を見せ合うことなんですって。美味しくて、体に良いモノを摂る。好きな人と、楽しい時間を過ごしながら、同じモノを食し、気持ちを述べる。そんな大切なコミュニケーションをケチるって、信じられない、合わない……と女性は思うのが普通です。

たとえば、コース料理がいくつかあるとして、値段の高い、安いを、量と思わず、質でとらえてほしい。お店の人に、「量はあまりいらないんですけど、なるべく美味しいものを食べたいので……」と言って、その内容を聞く。お店はいくらでもアレンジをしてくれます。

あとね、お金を持っているくせに、あっ！　ケチったなって分かる瞬間に、愛は冷めます。ホテルには誘うくせに、断ったら、飲んだ帰りで遅いのに電車で帰れ～とかね。年に何度かある記念日を見過ごすのもダメ。お誕生日とクリスマスは絶対、何気に通り越してはなりません。高価なモノでなくて良いから、ちゃんと自分で選んだプレゼントを、一日たりとも遅れずに、渡す。忙しくて～、選べなくて～、なんていうのは言い訳にすぎない。お金ばかりでなく、時間までもケチるのねっ！　と思われても仕方がないワ。

TECHNIQUE

お金だけでなく、時間もケチらない

RULE

31

妻は人間として讃える

人のオトコだからよく見えるということではなく、既婚者には魅力的な男性が多いと思います。

ま、私はそもそもオトコは年上が好きなので、自分の年齢から考えると結婚しているほうがフツウなんですけどね。

夜の銀座の世界なんかに生きていたので、接する機会は自ずと多くなるわけですが、40代から50代、60代と、貫禄がどんどん増してきて、懐《ふところ》の大きさも感じさせてくれるし、脂がノッてるって雰囲気が漂っている。男性って、何て魅力の息が長いのかしらぁって、羨《うらや》ましくなります。

こんな男性に守ってもらいたいなぁ、この人の奥さんは幸せだなぁって、本当に思ってしまいますもの。

銀座のクラブでは、家庭の話に触れることはタブーとされていますが、私はついつい〝自分もそうなりたい精神〟が勝って聞いてしまっていたの。どういう女性であれば、こういう男性を落とせるんだろうか？　ってね。

しかし、残念ながら、ここでガクッときてしまうことは結構多いのです。

「奥様、どんな方なんですか？」と聞くとね、「いやぁ〜、もう俺が帰ると寝てるし、顔を合わせてもほとんど口を利かないよ。セックスなんか何年もしてないし、女房なんかとはしたくもない。オンナを感じないんだよね。もう一生することはないだろうな。ま、タダの同居人だよ」とか、「子供達とやりたいことやってるよ。俺なんかにまったく興味ないみたいでさ。たまに早く家に帰るとかえって迷惑そうで居場所がないの」など。

知りたくなかったワ！

こんな内容を聞いて喜ぶのは、このオトコの本妻の座をひたすら狙っている愛人のみです。いや、デキるオンナだったら、こんな台詞を聞かされた瞬間に「愛人してるほうが全然楽しそう！」と思うに違いない。

たまに、家庭生活はいたって平穏なのに、敢えて崖っぷち風を吹かせるオトコがいたりするのですが、どうやら「今は結婚しているけれど、独身になる可能性が高いぞ」、いやいや「独身も同然だ」ということをアピールしてモテようとしてるみたいね。

これはダメです。もうそんな時代は終わりました。

オンナはいくつになっても幸せな結婚生活というものに憧れを抱いています。結婚しない人が増えてきているけれど、結婚をしたくないというワケではなく、ただ単にそういう男性がいないなぁというだけなのです。

そもそも一家の大黒柱ってオトコでしょう？　自ら「幸せな結婚生活を築けないオトコ」をイメージさせるのは損なコトよ。たとえ本当のことだとしても言わないほうがいい。

かといって、ノロケる必要もない。

「早くお家に帰ってお幸せにね」ってなってってしまうからね。

モテたいとあらば、「しっかり者でよくやってくれているけれど、俺がとにかく忙しいもんだから、どうしても朝、顔を合わせるくらいになってってしまうんだよね。でも子供と仲が良いし、自由にさせてるから、不満は何もないみたいだよ」って感じだったら、かなりイケてるんじゃないかと思います。

まず妻のことをさらりと讃え、仕事の忙しさで自分の活躍ぶりをさりげなくアピールしている。妻は子供とベッタリだから、女関係の隙もある。妻に不満を抱かせることなく、自由を与えるビッグな男！　なんて魅力的。不倫でもいいかも？

TECHNIQUE

幸せな結婚生活を築けないオトコだと思われるな

第4章

長く恋を持続させる術

RULE 32―44

Introduction

恋愛を一時にするも、育てるも男性次第

オンナは一度、男性に惚れてしまうと180度変わってしまうことが多々見られます。コレはもう本能的な問題としか言いようがありません。

好きなオトコが現れると、肉体は活性化され、お洒落にはますます磨きがかかるし、作ったこともない料理を始めようとするコもいる。合コンなどに行くくらいだったら、その男性のことを考えながら、お家で電話やメールを待っているほうが楽しいという感じで、友達との夜遊びなども、付き合いが悪くなる。とにかくうんとかわいくて良いコになっちゃうワケ。

オンナにはね、ある日突然、こういう時が訪れるのです。モテ・テクを積み重ねられているうちに、稲妻が走る瞬間がくる。こうなったらね、オンナはもはや別人。

「アナタに出会うのは運命だったのだわ」くらい胸を熱くすることとなるのです。

ここまで行くと、男性はとりあえずはラクチンよ。女性は愛にどっぷりと浸り、この先もずっとアナタとの関係を育《はぐく》みたいがゆえに、当分のあいだは（?:）、他の男性なんて目に入

らない。これもまた本能的なものなのでしょう。

だって、はるかご先祖様の時代、女性はたくさんの男性のなかから、最も優秀なＤＮＡを見いだして、子孫に受け継ごうと考えてきたわけです。その相手を見つけ出す感覚が、今でいう（昔も？）惚れる、恋するという気持ちであるわけだから、惚れてからは守り＆育てに入ろうとするのです。男性には、この女性の気持ちの変化の大きさがイマイチ分かっていない人が結構いると思われます。

男性は、モテたい！　と思って、今まで一生懸命やってきたけど、惚れさせることができ、しばらくスィートな時期を過ごすと、徐々に変わっていってしまう人が多い。

「ディナーは毎回、近場でリピートしてるし、ドタキャンしてもあんまり文句言われなかったから、今夜は送るのはかったるいから、許してもらっちゃおうか。これからは、結構何でもアリ？　だって、俺達付き合ってるんだもんな」なんて、ずるずると手を抜いたりするのです。

しかし、それが可能になったように思えてしまうのは、女性がアナタについていこう！　って、ココロを許したからなワケ。オンナはひとまず、共生を試みているのです。

軽～く遊んで楽しい時を過ごせればいいやといった、単に恋愛を楽しみたいだけの女性も、確かにいるとは思うけれど、すくすくとこの恋愛を育てた先に、ゴールイン！　といきたいって女性のほうが断然多いのです。

ダケドね、安心するのはまだ早い。

昔（私とかの親の時代）は、一度、オトコをコレと決めたら、どんな苦労も耐え抜く女性っていうほうが断然多かったわけでしょ？　お金を稼ぐのが男性で、女性は養っていただくというのがベーシックスタイルだったからね。オトコに捨てられたら、オンナは途方に暮れてしまう。

今はね、悲しいカナ、そのへんの危機感が薄れてしまった。女性が一人でも食うには困らない社会になった。コレで、遺伝子は確実に変わってしまった、と私は思います。よって、オトコに対して、あまりの〝耐え〟には我慢ができなくなってしまったのです。

今時の女性はね、限界をハッキリ持ってます。そこまで行き着くと、オンナは突然我に返るのです。だから、女性に惚れられて、うんとラクになったとしても、その状態が永遠に続くとは思わないでね。

女性の立場から、勝手なことを言わせていただくと、ここから先は、男性次第ってところなのです。

アナタもこの恋愛、一時で構わないのか、育てていきたいと思うのか、考えてみて。オトコとオンナ、いよいよここからが佳境なのですから。

恋人と喧嘩。でも自分が正しいと確信してたら、たいていは?

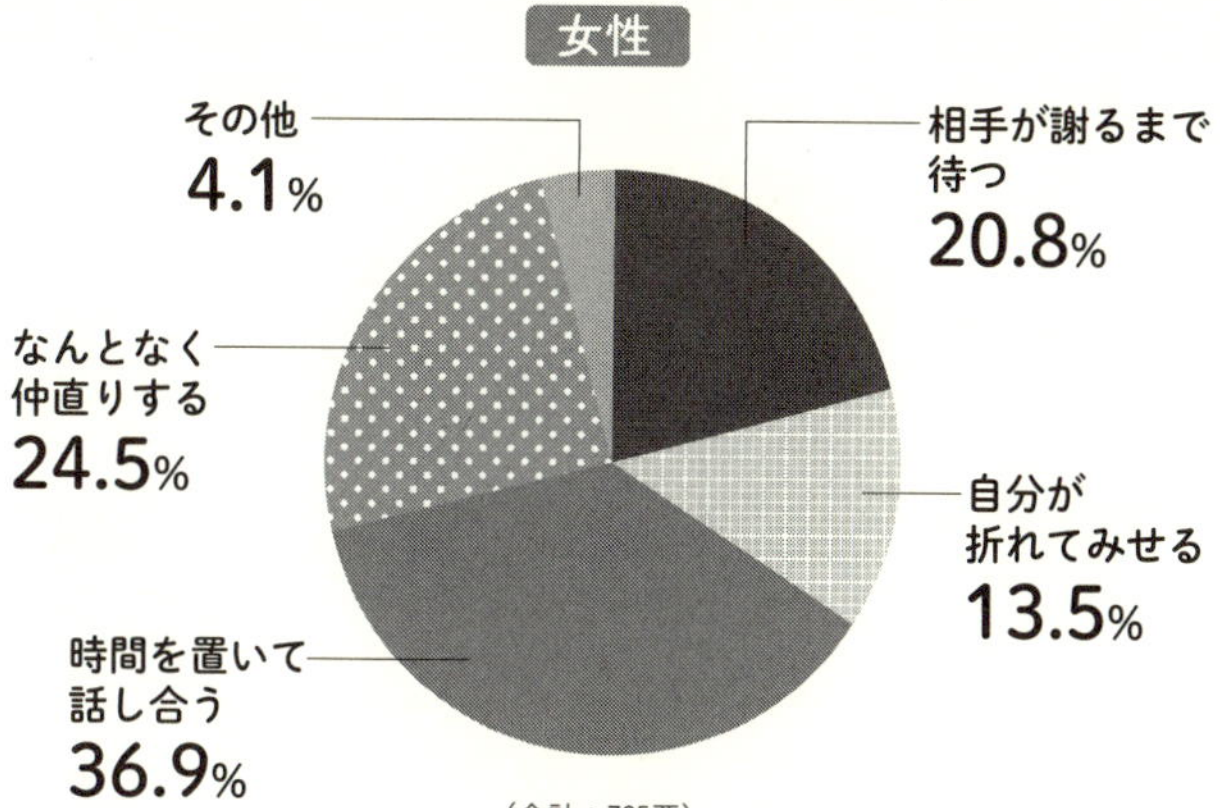

（合計：725票）

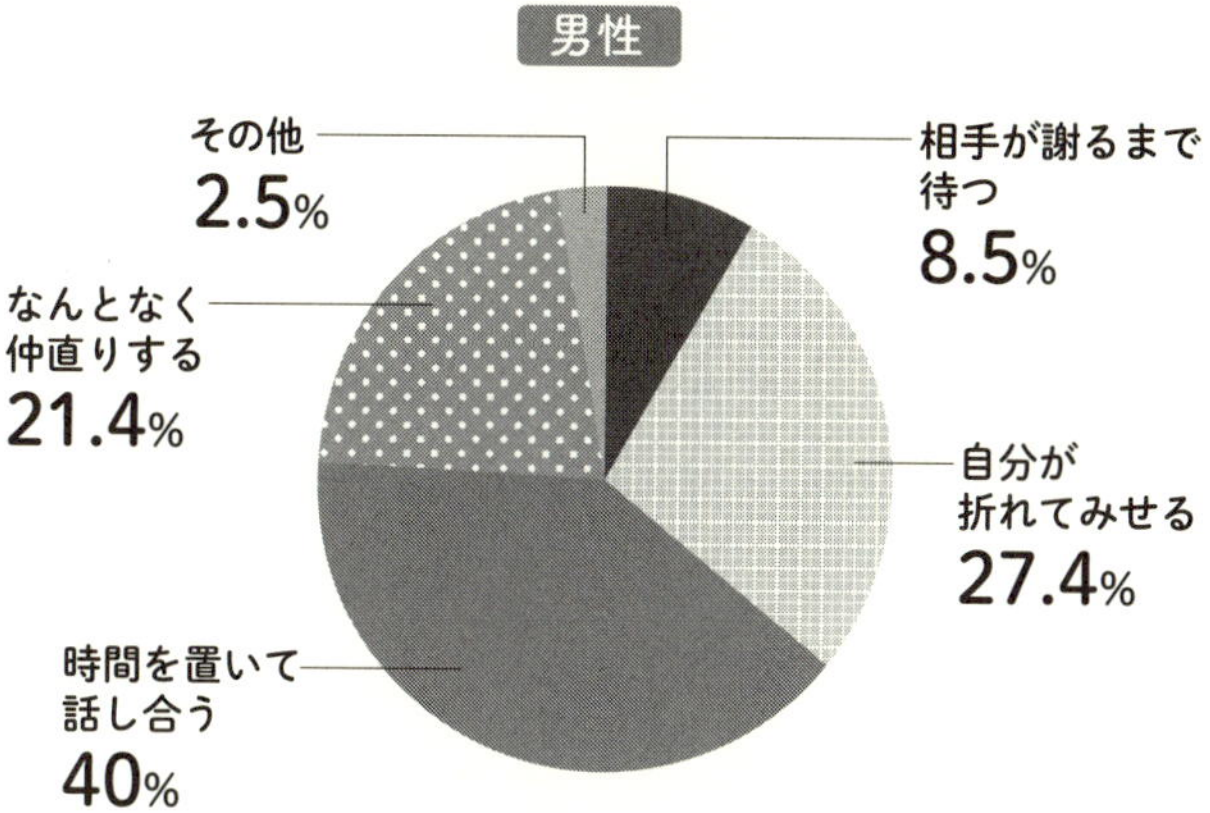

（合計：620票）

RULE

32

目指すは、ゆっくり&じっくりベタボレ

世間一般に、ホレる、といっても、女性の場合、大きく二つのレベルに分かれているのではないかと私は思います。

その二つとは、「めちゃめちゃ好き」といったベタボレと、「まぁ、ホレているのだと思う。一人では寂しいし、付き合っていくうちにどんどんホレることができますように」という、チョイボレ。コレ、どちらのレベルでお付き合いが始まっているかで、進め方はダイブ違ってくる。それぞれに一長一短といった感じなのです。

女性のベタボレ状態はじつに分かりやすい。瞳からはハートが出まくっているし、手をつないだり、指先を絡め合ったり、どこでもいいから体の一部が触れ合っていたいって感じだし。まだ帰りたくない、明日も明後日もずぅーっと会っていたいってなっちゃう。

でも、ハッキリ言いましょう。ベタボレ恋愛は短命で終わる率がメチャメチャ高い傾向があります。恋のパワーってすごいから、何でもやってのけちゃうのよね。時間は無理して作るし、仕事もなかなか手につかなくなる。体も互いに激しく求め合うし、温泉旅行にもさっさと行ったり、どちらかの部屋に行くことができるような関係だったら、新婚家庭の真似ゴ

トだってすぐにやっちゃう。互いの熱愛パワーで、猛スピードで一通りをこなしてしまうのです。すると突然、アレっ⁉　もう倦怠期？　その瞬間から、今までのように会おうとすると、ものスゴ〜く疲れてしまい、そんな自分自身に、シラケる。もう、トキメかないし、燃えたことすら信じられナ〜イ？　期間が短かった分、情も湧いていなかったりする。

その点、チョイボレは、情熱的にとはいかないかも知れないけれど、ゆっくりと落ち着いて進んで行ける分、気付くと、二人の愛の絆《きずな》、結構深まってました！　ということも珍しくないの。時間がかかっても育んでいけば、カメがウサギに勝つように、ステキな恋愛になると思う。だから、最初からベタボレじゃないからといって、しょげることはありません。

では、ベタボレの問題点はどうするか……。女性は皆、燃えるような恋愛をしたいと思っているし、男性だって、なるべくいっぱいホレられたほうが嬉しいでしょ？　話はカンタン。熱愛しても、二人だけの世界になってしまって、突っ走っていかなければ良いだけのことです。毎晩会えるからといって、ホイホイ会わない。セックスも我慢する日を作る。目指すは、ゆっくり&じっくりベタボレです。

TECHNIQUE

オンナのホレ方の違いで恋の進め方を変える

RULE
33
ステディになったら、倦怠期の始まりと考える

このへんで、あえてちょっと夢のないことを言ってしまいます。ベタボレでもチョイボレでも、とにかくステディな関係になったら、それは倦怠期の始まりだと思って欲しいのです。それだけオトコとオンナの恋愛にはつきものなんですね。

倦怠期って、スィートな時とは相手も自分もほぼ別人同士が向き合っているような感じになってしまい、最悪な場合は、お互いに、「誰？　オマエ」って横目でジロリ。いったい、どこでこうなっちゃったんだろうと、思った時には遅いこともあるのです。

それはね、言うなればはじめからなのです。好きになって、惚れ合った時に、お互いに〝まず〟別人になっていたのですから。

でもね、それは悪いことじゃない。罪じゃないの。だって、お互いに好感持ってもらいたいわけだし、恋って、ステキに生まれ変わるチャンスでもあるんだもの。ありのままの自分を受け入れてもらいたいという気持ちも分からなくもないけれど、トキメキによってオトコもオンナも成長を遂げていくことが、恋愛においてもっとも大切なことよね。

そこで、自分が頑張っている分、相手も努力をしているんだろうと、常に認めてあげるべ

きなのです。恋愛パワーで、無理することも楽しくなっているから、麻痺しているとは思いますが……。自分のためにそうしてくれてるのだと喜んだり、そこに愛情を感じることを忘れてはいけないのだと私は思います。

せっかく育ててきた愛を、倦怠期によって、一気に冷めさせないためには、スィートな時からずっと相手の良さをちゃんとホメてあげたり、態度でちゃんと示してあげ続けることです。すると、オンナはもっと頑張れるんだけど、男性のシャイなトコがその部分を疎《おろそ》かにしてしまうのよね。お洒落だって、心配りだって、当たり前のように流されてしまうと、オンナはそのうち、「やってらんないわっ」ってなっちゃう。そして徐々にアラのほうが目立ってきて、お互いにまったく手応えを感じることがなくなり、倦怠期に突入する。そこでアラだけを指摘し合うようになったら、確実にキレてしまうでしょう。

常に相手の頑張りに対して、繊細に反応を示すことで、愛は育め、倦怠期は逃れられる。盛り上げようとする気持ちを、けっして忘れてはなりません。危機感を常に持っているだけでも違いますよ。付き合い始めたら、意識しておいてね。

TECHNIQUE

オンナの頑張りには常に繊細に反応する

RULE
34
嫉妬を日常に有効的に取り入れる

ホンマモンの浮気（＝本気？）ならば、悠長なことは言ってられないと思いますが、適度にお互いの異性関係を嫉妬し合うのは、相手に対して、「好きだ〜」「愛してる〜」「オマエはオレ（ワタシ）のものだ〜」という気持ちの表れにほかなりません。男女問わず、「束縛されるのは苦手だ」などとのたまう人は多いけれど、もし、アナタの恋人が我慢する風でもなく束縛をしない人だとしたら、その恋愛はちょっとマユツバだと私は思います。だって、それはアナタがほとんど気にならない存在になってるってことでしょ？

「束縛した分、されるから、敢えてしないようにしている」なんて思う方、その恋愛は偽りですので、すぐにやめたほうが良い。

嫉妬って、あまり響きは良くないけれど、じつは恋愛にとっては欠かせないものよ。倦怠期なんかも一気に吹き飛ばしちゃうくらい、ものすご〜くパワーがあるんだから。

「もしかして、私のほかにもカノジョがいるのかも知れない」「そういえば、最近あやしかった」「今頃、もしかしてホテルなんてことあったりする？」、自問自答を繰り返す。電話してみようかな、いやいやまだ待ってみよう、早く連絡こないかなぁ、そして眠れなくなる。

安心しきっていた相手だったら、まさにアタマから冷や水をかけられたような気分になる。嫉妬して苦しんだ分、「私ったらこんなにカレのことが好きなんだワ」って自覚することになるの。そこで連絡がくると「やっと、やっとかかってきたぁ♪」。コレ、倦怠期には、一発で効きます。

ま、マジでする嫉妬は苦しいので、これを日常に有効的に取り入れてもらえると、恋愛にハリというものが出るのではないかと思われます。

カノジョに仕事上での食事や飲み会などがあると聞いたら、「それって、まさか合コンじゃないだろうな」とか、休日に予定があると言われたら、「デートなんかしてたら承知しないぞ！」といったようなことを言ってあげると、「私って愛されてるんだわぁ～、キャピッ」となれる。オンナもお返しとばかりに「ホントに浮気してなぁーい？」ってやり始めることでしょうから、ちゃんとお付き合いしてあげてね。結構、本当に燃えてきて、じゃあ、そのへんの愛情確認はベッドの中でってなったりするのよね。いつもよりお互いに激しくガツガツと……むふっ。これがいいの♡

TECHNIQUE

時には嫉妬をしてみて恋愛にメリハリをつける

RULE

35

プチ・バトルは恋愛のスパイス

女同士で集まって話をすると、「じつは私、トラブル好きなんだよねっ」というコが結構多いので驚いてます。やっぱそういうもんなんだ、一緒だってね。

カレシとのあいだで、度が過ぎたトラブルは手に負えないけれど、ちょっとした勘違いやすれ違いで起こるプチ・バトルだったらウエルカム！　というか、逆に仕掛ける。

これは、始まった瞬間から仲直りした時のラブラブタイムが楽しみで、そのためなのでした。妙にコーフンしてるのは、怒ってるからではないのかも知れなくてよ。オンナには刺激好きが多いんだわ。

じつは私もこのタイプなので、カレシにケンカはよく売ってきました。だけどね、このプチ・バトル、女達が思うようにコトが進まないことがあるから、玉にキズ。オトコのくせに、受け止め方がなっとらんのよ。マジでバトルになると、仲直りするまでに何日もかかっちゃったりするから厄介なのよね。

女側からケンカを売っておきながら何なんだけど、男性諸君には原因が何であったかをよく考えてみてほしいのです。昨夜電話に出なかったとか、最近、どこにも連れて行ってもらってない、愛情を感じない、私のことを好きじゃないんでしょ、みたいな言いがかりだったとしたら、お願いだから、まともに相手にしないでおくれ。「ケンカするほど仲が良い」っていうけど、オンナはそれを目指してるだけですから。

でもね、この時のオトコの出方で、結構、マジでムカついてきちゃうこともあるんだよね。以前私も、「じゃあ帰るわ」とか言って、カレシの部屋からわざと出て行こうとしてみたこともあったけど、今時は止めたり、追って来たりしないばかりか、一緒になって怒っている男性がいるから驚きよ。最初から台本でも渡さなきゃダメなのかしらって思ったわ。

ま、私の話はさておき、カノジョが文句言っているあいだは、「それで?」くらいで極力、何も言わないでおく。オトコらしく、なるべく上品に構えるの。そういった対応も、オンナはチェックしています。紳士的で、懐の大っきいオトコだなぁと思わせてやって。「ど～して、黙ってんのよっ!」って、オンナが絶頂に達したと思ったあたりで、モテ男諸君には、「おいっ、何、ダダこねてるんだっ」&お尻ペンペンとか、ギュ～って抱き締める&ブチュ～ッてキスとかの一発で最後を締めくくっていただけるのが理想です。

TECHNIQUE

刺激を求めたケンカには紳士的に構える

RULE

36

飴とムチを上手に使い分ける

男女問わず、「一度好きになってしまったら、ぜーんぶ好き」という気持ちには陥ると思うけれど、付き合っているうちに必ずやそこから這い上がってきてしまうものだとも私は感じます。

何から何までぜーんぶ好みだった、ナンテいう幻覚に一瞬浸ってみるのは良いけれど、いずれは醒めるんだろうなぁ〜くらいは考えておいたほうが身のため。「一度嫌いになってしまったら、ぜーんぶ嫌い」とならないためにね。

もっとマズいのが、何も始まらないパターン。私の同級生に、30代も半ばにきて未だに処女ってコがいるけれど、彼女は「もしや」って思った相手を、自分の好みに本当に当てはまっているオトコかって一つ一つ確かめていくの。で、ハズレているともうそこでダメとか言い出す始末。そんな男性いるわけない！　って感じです。しかも、こういうパターンは男バージョンもあるからビックリです。

付き合っていくうちに相手を自分好みに変えていくことはいくらでも可能だと私は思います。愛があれば、全然楽勝なコト。オトコとあらば、オンナの一人や二人変えて見せんと。

「髪の色、もしかして黒いほうが似合うんじゃない？」とか言えば、カノジョは鏡を見ながらうーむと考え、美容室に行くこととなる。

好みのファッションがあれば、「たまには網タイ穿いて」など、ハッキリそれを告げる。

最近、太ってきたなと思ったら、「ちょっと運動したほうがいいよ。3キロ減目標！」って言ってあげるべきなの。

そして、カノジョが言う通りにしたようだったら、ちゃーんとそれ相応のリターンを考えてあげる。ここが肝心。

「エラかったから、ステキなレストランに連れて行ってあげる」とか、「温泉でも行こう」でも良いし、何かファッションアイテムをプレゼントしてあげるのも良い。

ホメられると嬉しいし、それをちゃんと評価してくれるようなご褒美を与えてもらえると、オンナはもっともっと頑張ろうとするのよね。

コレ、ルックスだけの話じゃない。

たとえば、レストランのボーイさんや、タクシーの運転手さんなどに対して横柄な態度を取るのは男性ばかりではなかったりする。若いうちには、マナーがなってないオンナって結構いるもんです。

私もね、昔、ドライブに行った時、高速道路の料金所の係員さんに、助手席に座っていた私が「ありがとう」って言わずに領収証を受け取ったということで、カレシに説教されたことがあった。

随分若い時のことで、その前もずっと言ってなかったのか、その時たまただったのか分からないけど、それ以来、必ず意識して言うようになりました。

それで「よしよし」ってアタマを撫でられた時、あ、私はこの男性に教育されたんだワって思って、オトコらしさを感じたのよね。

一般的に常識と思われることはピシャリと言って、それをさせるべきだし、自分の好みに仕立てる場合は飴玉を与えながらホメて伸ばすのが早い。

いずれにしても、飴とムチの使い分けで、カノジョをしっかりと手なずけてね。

TECHNIQUE

叱る&ホメるでオンナを教育して手なずける

恋人を自分に甘えさせてあげる度量ってある?

女性

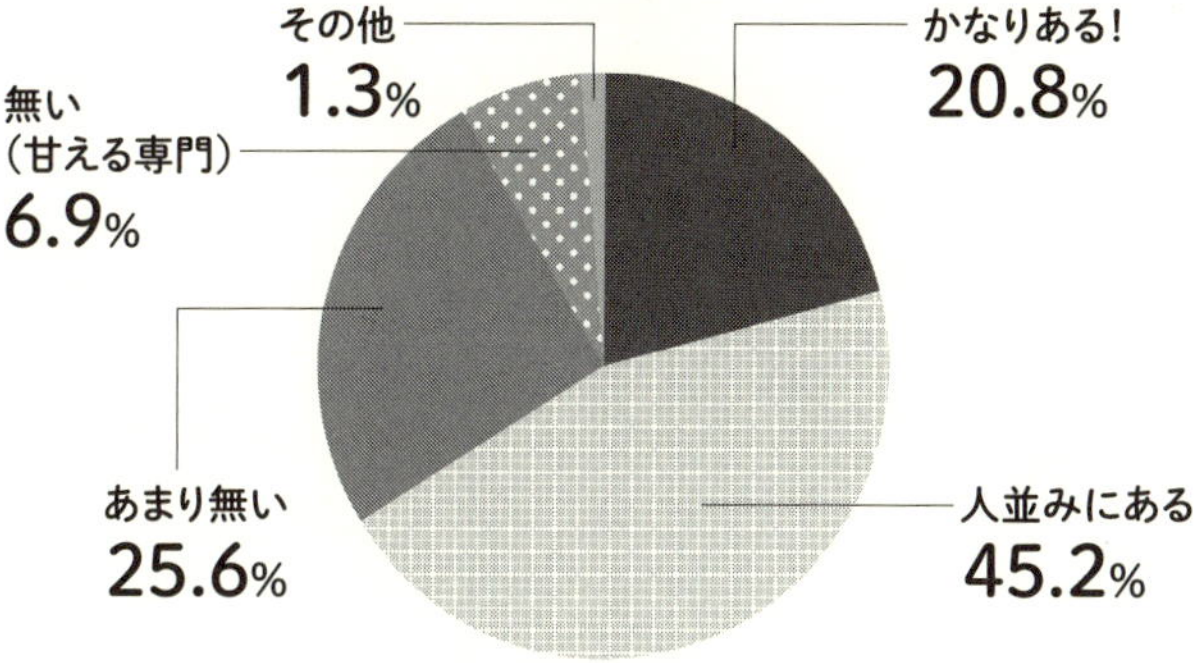

(合計:687票)

男性

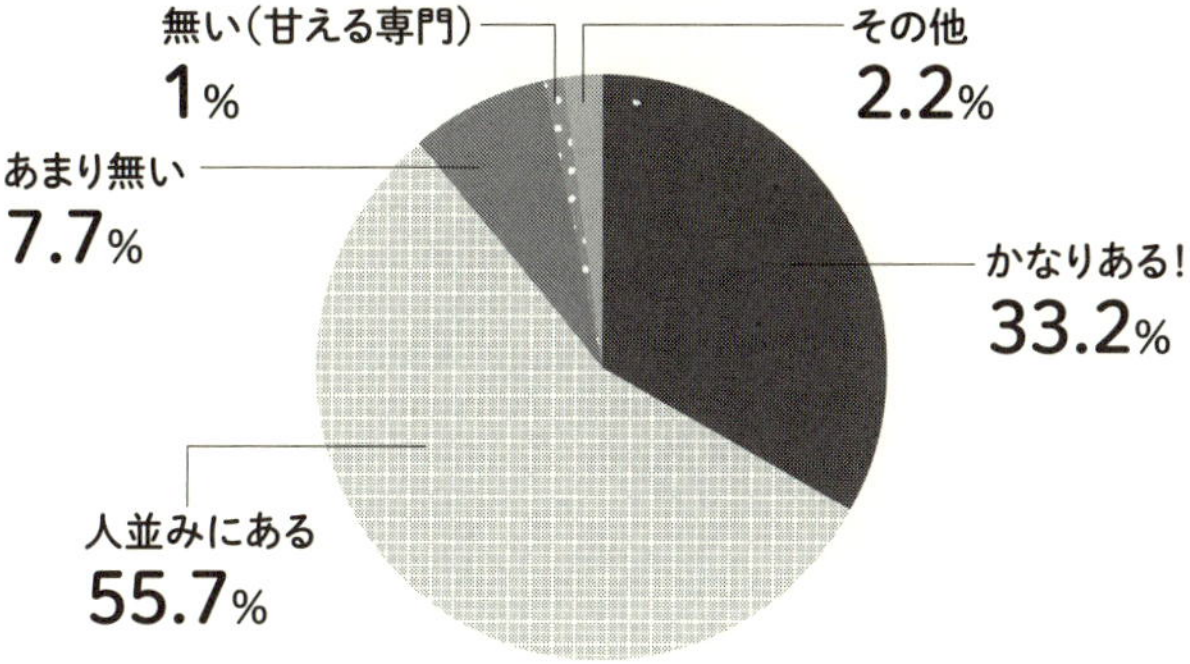

(合計:578票)

RULE
37
オンナに尽くさせて、離れられないオトコに

女性には、オトコに貢がせるタイプというのがいます。

まず、男性からのプレゼントは躊躇も遠慮もすることなくいただく。そうしてもらえない場合は、「欲しいものがあるんだけど〜」「たまには何か買って〜」などなど、自分からコマメに贈り物をせがむ。全身をプレゼントで埋めつくすのみならず、ちょっとした家庭用品からクルマ、マンションなどなど、その貢ぎ物は下から上までキリがない。

こういう女性達は銀座ばかりに多く存在すると思われるでしょうが、いやいやトンでもない。一般社会にも確実に存在しています。私は、「どうしてそんな小ちゃいモノまで買ってもらうんだろう?」と不思議に思うこともしばしば。

しかし、どうやら彼女達は男性からいろんなモノ買ってもらってラッキー！　とタダはしゃいでいるばかりではないみたいなのです。私はそのことを銀座に入って、オネーサマ達にみっちりと教わった。まだ私が新人ホステスの頃の話。お客さまが、「お店で着られるような服を買ってあげるから、今度買い物に行こう」って誘ってくれたことがあった。

その当時の私はまだ慣れていなくてつい遠慮して断ってしまったの。

するとね、後から先輩ホステスにピシャリと言われたわ。

「オトコはね、手をかけただけ、その女性が手放せなくなるのよ。だから、贈り物は遠慮なくいただいたほうが良いわ。どんな小さなモノでも、喜んでいただくのよ」

お金をかけた分、労力を使った分、執着心が高まるって考えか。スゴっと思ったけれど、すぐに納得がいった私。そもそもオンナなら誰でも持っている発想なのか、確かにそういった感覚あるんです。

女性の場合は、基本的に貢ぎ（の場合もありますが）じゃなくて〝尽くし〟でね。

「これだけ尽くしてきたんだから、ちょっと浮気されたくらいで引くワケにはいかないのよ」とか、「他のオトコにイチから尽くし始めるなんて、考えただけで気が遠くなる。だから、このままカレに尽くし続ける」という発言はすごく多いの。

気持ちは、後ろ向きかも知れないんだけどね、女同士ならばよくワカルことなのです。

気配り、料理、セックス、ｅｔｃ……。カノジョへのリクエストをさりげな～く増やして、尽くさせ率ＵＰ！　コレでカノジョはアナタから離れにくくなること間違いナシ。

TECHNIQUE
さりげなくリクエストを増やし尽くさせる

RULE

38

初めてのセックスはラブホは避ける

オンナにとってオトコと初めて寝た時のメモリーは、まるで映画のように一部始終、アタマのなかにインプットされているもの。

念のため言っておきますが、バージンを捧げた時という意味じゃありませんヨ。そのオトコとお手合わせするのが初めてってことね。

何年経っても、その後何人と寝ようが（ん？）、昨日のことのように鮮明に思い出せてしまうのが我ながら不思議でならない。

それだけ初夜って、緊張感と期待感でめちゃめちゃ意識が研ぎ澄まされているのよね。で、女性が思うのは、初めての時はとにかくムードたっぷりに演出してほしいということ。そこから数日間は頻繁にそのシーンを思い出したりするわけで、今後の盛り上がりを左右することになるからです。

かなり若い人の場合とワケありカップルなどは仕方ないかも知れないけれど、ラブホは極力避けてほしいナ。

女ゴコロとしては、なるべく手をかけてもらってその時を迎えたいのです。手近で極力安く済ませようという、コンビニ感覚で初セックスをしないでほしいの。高級ラブホでもダメよ。

だって、ついさっきまで誰かが愛し合っていたベッドでしょ？　それ考えただけで、生々しくって、オンナはひざ小僧がくっついちゃって離れなくなるわ。駐車場だって、廊下だって、極力人とすれ違わないように、目を合わさないようにして、なんだかとってもやましい感じなのよねぇ。本当はとっても神聖な行為なのにね。

初セックスへの誘い方にもココロ遣いが大切なの。

デートを何回も重ねてきて、今夜くらいそろそろって思っているとしましょう。レストランで食事して、バーで軽く飲んで、「今夜どう？」と迫るオトコがいーっぱいいるんだケド、コレね、たとえ気持ちは「ＯＫ」だとしても、オンナとしては頷きにくいのよ。

女性は体を許すことに対して、何らかの言い訳が欲しいものなのです。やむを得ずそうなってしまった、自然とウマくもっていかれた、やられた！　みたいなね。そのものズバリをダイレクトにお伺い立てられると困るの。

でも、ポイントをちょっとはずしただけであっさりと頷くことができるようになるの。

女性達が一番理想的とするのは、週末小旅行企画。

「今週末、温泉行かない？」って、さらりと誘われると、「うん、行く行くっ」って、スムーズに答えられる。

二人で温泉に行くということは、やる（↑ロコツで失礼！）に決まってるでしょ〜。ダケド、オンナはあくまで澄まし顔でその場を迎え、「えっ、いやん、私、そんなぁ〜」ってチヨイ拒みつつ、ちゃーんと一緒に露天風呂につかります♪

温泉じゃなくても、「今度、ちょっと遠出して一泊しない？」って提案してみる。「どこに行こうか」って、一緒に決めるのも楽しいことよ。

TECHNIQUE

週末小旅行は初めてに最適

RULE

39

キスは〝濃厚〟と〝猛烈〟をはき違えない

娼婦は客とセックスをしてもキスはけっしてしないと聞いたことがあります。

私は娼婦じゃないのでホントのところはよく分からないけれど、同じオンナとしてはとっても頷けてしまったりする。

だって嫌いな人とはディープキスなんて絶対にできないし、合わないキスほどツライものはない。好きな人でもキスの相性が良くなければ付き合っていくのは難しいかもなぁって思ってしまう。

また、セックスをしなくてもキスをすればカラダの相性が分かってしまうということもあるし、その人の生き方や性格、プライド、品格などなど、面白いほどよく表れる。キスってそれほど重要なもの。

しかし、面と向かってキスのダメ出しはしにくい。本当は、ダンスと一緒でこと細かく相手に伝えることができたならば、組みやすいフォームに変えることはできるんじゃないかなって私は思うんだけどね。

キスはもはやセックスのうちなので、オンナは「もっとこーして、あーして」って、そんな露骨なこと言えないのよね。なので、今、ココで女ゴコロを言わせてください。

まず、私が苦手なキスのパターンはと言うと、〝濃厚〟と〝猛烈〟をはき違えているケース。この意見、かなり女子のあいだでは賛同を得ております。

も～うね、まさぐられてまさぐられて唇の周り半径1メートルくらい（気分ね）なめまわされると、うぐぐぐぐぐ～っ。はたまた、舌をうねうねべロンベロン絡められて絡められて、うえーっぷ。げほっ。顔面、いや全身ね、思いっきり力が入ってしまいますわぁ～。目はキツく瞑《つぶ》りまくり。

猛バトルの後の仲直りキスや、酔っぱらった時などの盛り上がりキスなどは勢いがあって構わない。熱烈に表現してみたいって時もあるでしょう。しかし！ それ以外はセックス同様、独りよがりはいけないいんでない？

キスにも前戯というものがあるのよね。セックスと一緒なの。まずはゆっくりとしっとりと口づけを交わしながら、舌で相手の唇に押し入っていく。そして徐々に舌に絡ませていきき反応を見ながら強弱をつける感じかしら。そういう段階を踏みながら激しくなっていくのは良いんだけど、いきなりむさぼられると、「一体何が起こったの⁉」って、ビックリ↓シラける&拒絶反応起こしちゃうんです。

ゆっくり&しっとり&徐々に深～く、そして動きをなるべく繊細にするのがオールマイティーにこなせるテク。女性にもっともウケがイイの。この〝イイ〟はね、〝感じる〟ってことよ。オンナってキスの時、無意識でセックスをイメージしているのよね。だから、じわじわっとカノジョが濡れるように唇を弄《もてあそ》んで。

抱き締められて、うっとりするようなキスをされたら、メロメロ～。足元フラフラ～。これだけで「早く抱いて～っ」って、なるんだから。

TECHNIQUE

キスは、ゆっくり&しっとり&徐々に深く！

RULE

40

セックスの後に有効な「ずっと大切にする」

セックスが終わると、それに対して何らかの評価を下すオトコはとても多いみたいです。色々なセリフがあるけれど、「今までのカノジョのなかで一番、君がイイよ」って言ったことはない？

コレね、聞いたほうはハッキリ言って、「何比べてんのよ！」って感じなのです。

そして、どうせ言われちゃったので、「今まで何人のオンナとやった？」って聞いてみたりするオンナも結構いるらしい。「え〜っとね、カノジョだったのが10人で、行きずりは20人いかないいと思うなぁ」って、まともに数えないでくださいヨ。

オンナはね、オトコと初めて寝た時のメモリーは永遠だけれど、セックスそのものの流れやカラダの相性といった触感は、時の流れとともに確実に薄れていくものなのです。どんなにヨカッタとしても過去に留まることはない。オンナは愛がないと感じない生き物だから、記憶に対しても感覚はなくなっていく、いや、敢えてそうしたいのかも知れない。オトコは種を蒔くのが役目だけど、オンナは何てったって受け身ですからね。過去に何人と寝てようが、バージンの時のように清らかなココロとカラダで、もっともステキな男性を新たに受け入れたいのです。

今、アナタと向き合っているのだから、他のオトコのことなんて考えたくはない。そして、男性にもそうあってほしいものなの。過去に関わってきた女性達と比べられるなんて、オンナとして品定めをされているようで、ココロもカラダも凍りついてしまうワ。

初めてカラダを許してしまった後は、よほどサバケてるオンナは別として、不安な気持ちになるものです。セックスの後はとにかく、「すごく良かった。俺、今最高に幸せだよ」と短く言って、ギュ〜ッと抱き締めてほしい。

「ずっと大切にするからね」ナンテ言葉がつくのは、どストライクで、「私もアナタのことを大切にするっ」ってカノジョのほうも思うはず。

あとは余計なことを言わないように口数はなるべく少なくして、腕の力で愛情表現を心掛ける。コマメにキスもしてあげる。腕枕などもしてあげる。

くれぐれも、セックスが終わった瞬間に背中を向けてグ〜グ〜なんて眠らないでね。

TECHNIQUE

セックスの後、オンナは不安になるものだと心得る

RULE 41 ガツガツしないでガツガツさせる

男性は、一度セックスをすると、デートの度にしようとします。男性は「抱きたいとまず思い、それによってカノジョを好きだ、愛してるのだと自覚する」という人が多いけれど、女性は逆で、「カレのことを好きだ、愛していると実感して、抱き合いたいと思う」となる。鶏&タマゴの関係のように、1《ワン》クールすれば同じことのように思えるけれど、オトコとオンナの場合はそうはいかない。確実にズレが生じるのです。

まず男性は征服欲が強いので、カノジョを一度抱いてしまうと、「今度は、ああしてみよう、こうしてみよう、こんなこともあんなこともしてみたいっ」って、セックスプランは満載。一方、女性は育ての性《さが》ゆえに、肉体ではなくココロで愛を育てたがる。そこで、オトコがセックスばかりせがんでくるようになると、オンナは精神的に穏やかではない。「カラダだけが目的なのっ?」「すべてはセックスがしたいがために頑張っていたのねっ」「私を性のはけ口だと考えているのねっ」などなど、カノジョのアタマはアナタへの疑問ですぐにいっぱいになってしまうことでしょう。

オンナってね、ココロと股の動きは一緒なの。一緒に閉じて、一緒に開く。これだけは覚えておいたほうが良い。無理やりやったとしても、色っぽい喘ぎ声なんて絶対聞かせてやりたくないし、その前に一切感じなくなる。まさに全身拒否状態。人形を抱いているようなもの。それじゃあ、オトコとしてもつまらないでしょう?

ここで逆をつく。実際、女性の周りには毎回セックスしたがる男性達がほとんどなの。だから、一度セックスをしたとしても、次に会った時にはフツウにデートをして、セックスの「セ」の字も出さずに家に送り届けちゃってみて。紳士的な態度に徹してみてほしいのです。

女ゴコロって複雑で、求められると逃げたくなるんだけど、そうでないと「ナンデ? ナンデなのよっ」と、追いかけ始める。そして、男性以上にジラしに弱い。慣れていないから、効果は絶大よ。「次はいつ抱いてくれるんだろうか」「もしかして、私のカラダは良くなかったの?」などなど、女性は悶々と悩んでアナタのことばかり考えることになる。

オンナとしては、気持ちがグッと惹きつけられるだけあって、カラダもアナタを求めてセックスは自ずとウンと燃えることになる。たかが一、二度、間を置くだけですぐにこうなります。ガツガツしないで、ガツガツさせるの。

TECHNIQUE

ジラしてオンナにセックスしたいと思わせる

RULE

42 オン・ベッドタイムを一緒に楽しむ

セックスの最中だけでなく、その前も後も、オンナはカレシとベッドの上で過ごす時間がとっても好きな生き物。女性にとってこれほどココロが豊かでいられる時ってないんじゃないカナ。

キャミソール姿orほぼ真っ裸で、毛布にくるまりながら腕枕をしてもらったり、オトコの胸に頬をぴとりとくっつけながら、じゃれ合って他愛のない話をする。人目を気にすることもない。そんな時、ココロもカラダも柔らか～く解《ほぐ》されているなってことが実感できる。

すると、子供のように戯《じゃ》れて、思いついたようにキスしたり、ナイトテーブルに置いてあるワイングラスに手を伸ばして口移しで飲んでみたりと、オンナは大胆に振る舞うようになる。そのままセックスにもつれ込むなど、本能の赴《おもむ》くまま、やりたいことがすんなりとできるようになるの。オンナの立場で言わせていただくと、愛を育む時ってこういう時なんじゃないかなって思う。普段、誰にも見せることのない姿を見せられる。そして、それが本当の自分って感じで。

お気に入りの服を着て、ピンヒールを履き、お洒落なレストランで気取りながらディナーをするのも楽しいけれど、ま、それはかりそめの姿ともいえる。イイ女はね、かりそめ的なものはいーっぱいやってきているから、動物的に過ごすことこそ貴重って思うのです。

だけど、オン・ベッドタイムを一緒に楽しめる男性って案外少ないのかも知れない。

だって、「することとしたら、そそくさと帰ってった」とか、「カレ、いつもすぐに寝ちゃう」とか、オンナのコがしょっちゅう私に悩みを打ち明けてくるもの。

また、オンナがカレシの家に行く場合に、部屋が汚すぎる、布団は半年以上は確実に干していない、などのクレームは後を絶たない。ムードがなく、ヤル気がめっきり失せるらしいから、お気をつけあそばして。

あと、露骨にオンナの影アリという場合もある。カレシの部屋に女物のシャンプー、クレンジングクリーム、洗顔フォーム、バレッタなどが置いてあるってね。ムカつきながらも、「助かった！」と拝借してしまう大雑把なオンナもいる（コレ、私）。

ホテルやカノジョの家ならばその点は問題ないかも知れないけれど、モロモロ、オンナの夢を壊さないでね。よろしくお願いしますわヨ。

TECHNIQUE

オンナが素直になれるベッドの上で愛情を育む

RULE
43
オンナにセックスは必要不可欠ではないと知る

オトコと違い、オンナにとってセックスは欠かせないものではない。なぜ敢えてそれを言うかと申しますと、実際にはそのことを分かっていないオトコがとても多かったりするからです。「今日はそんな気分じゃないの」とか、「デートの時はいつもするのはやめてほしい」とか女性が言うと、「そんなこと言わないで。お願い」と男性は拝んだりして。

嫌だ嫌だも好きのうちだと思ってる、というわけでもなさそう。だってね、その後険悪なムードになっちゃってるのにもかかわらず、まだネバられるんですもの。

「じゃあ、分かったわ」ってオンナのほうが折れると、ルン♪ってすぐに笑顔を取り戻す瞬間はちょっと母性本能をくすぐられるけど。

でも、私的には、セックスのゴリ押しは良くないと思う。オンナって気の進まない時にすると、ますます嫌になっちゃったりするもの。それでね、オンナはどうするかというと、会わなくなるんだよね。嫌いじゃないけどセックスしたい気分じゃない。拒否してゴネられるのもメンドー。だったら会わないほうが身のためかもって。

オンナは気心知れてくると、カレのことは好きなんだけれど、緊張感が薄れるとともになかなかトキメキにくくなる状態になる。コレとセックスは深く関係している。

ココロもカラダも馴染み、お互いに感じるツボなどを押さえまくったセックスはモチロン良いけど、相手のカラダをじわじわと探っていく、未知との遭遇のようなドキドキ感がないと、オンナはセックスに飽きてくるのです。男性みたく生理的に直結していないので、一種エンターテインメント性がもっと必要なんだと思うな。

男性は、女性よりも性格的に浮気しやすいので、相手を変えればどっちも楽しむことができるだろうけど、オンナは基本的にこのオトコと決めたら一途なもの。トキメキた〜いってなったら、カレシと別れて他に出会いを求めるかも知れないし、ある日、突然どこかでトキメいてしまったら、もう帰ってこないこともある。

いつのまにかワンパターンなセックスになっていたとしたら、たまにはアレンジを考えてみて。場所を変えるだけでも新鮮な気分になれるもの。今時、ライトＳＭだって珍しくはない。女性は刺激が好きだし、ノッてくるとかなり大胆だったりする。

付き合いが長くなったら、コーフン度の高まるセックスを二人で目指そう。

TECHNIQUE

セックスはゴリ押しせずアレンジを心掛ける

RULE

44

イカせることにこだわらない

男性は驚くかも知れないけれど、セックスの時にエクスタシーを感じない、いわゆる「イケない」って女性は結構多いものです。

オトコは思春期に精通や夢精によって、ほぼ100%イッてるはずだけど、オンナはさまざま。ある程度場数を踏んできて、セックスそのものはいいと思っていてもイケないオンナはいっぱいいいるらしく、文献によっては、ナント、「一生イクことができない」という女性が約30%もいるというからビックリです。

今まで私とステディな関係を結んできた男達に、コレを読まれたらちょっとマズすぎるのですが、じつは私もず～っとイケてなかった。せめて、いつまでとは言わないでおくけれど、ほーんとついこの間までね（ぶっちゃけスギ）。

私にしてはまあ比較的長く続いていたカレシに、つい酔った勢いでそのコトをバラしてしまったのですが、「言わなきゃヨカッタなぁ」って、ワインに、いや酒にのまれた自分を随分恨んだっけ。も～その時の驚かれようったら、「私、じつはオトコなの」級だったワ。一気に酔いが醒めてしまった。カレシもか。

「今までのは、じゃあ……」って、真っ青になられて気まずかったなぁ。ひゃあ。思い出すと今でも汗。

しかし、それからというものカレが研究に研究を重ねてくれて、私も精神的な部分から集中力を高めたりなど、そりゃあ〜汗水流してガンバッタ！　スポ根ドラマみたいだった！

正直言ってツラかった。しんどかった。でも、お陰さまでイケました。カレがお赤飯炊いてくれるって言ったほどの感動だったわ。

というように、ワタクシゴトで何ですが、イカないオンナがイクようになるのはホントーに大変なワケです。また、なぜかこのオトコとはどうしてもイケないということもオンナの世界では多々あり得ることのようで……。

コレ、他人事じゃないかもよ。だって、世の中にはこういった女性がウヨウヨしてるんですもの。

でもね、だからといって、じゃあ今までのセックスが良くなかったのかって聞かれたら「NO！」。

モチロン、とっても感じてたし楽しかったし幸せだったし。我ながら、セックスは好きなほうだと思います。イッたフリをするのも私的にはキライではなかったし。世の中にはついて良いウソもある。人を幸せにするウソならついたほうが良いんだくらい思ってたワ。つき通さなきゃいけなかったんだけどさ。

でもね、それなりに悩みも抱えてた。

イッたフリをしてるとね、オトコはイカせるまで頑張ろうとするわけですね。「もうイケないよぉ〜」って言っても、「いや、オンナは何度もイケるんだって」

これには困ったな。毎度、演技しないと終わんないんだもんね。実際、もともとイケてたコでも、「そう何回もはイケないんだよねぇ。でも可哀想だから、2回目からは女優入ってる」という意見、ちょっぴり多いのね。

あまりにアナタをビビらせていたらごめんあそばせ。アナタのカノジョは多分……イケてる、と思う……。そう祈る。

ま、せめてセックスの度にオンナは必ずイク、一回イッたら何度もイケるとは思わないでいてほしい。そして、オンナにとって「愛」と「イクこと」が無関係だということも知っておいてね。

TECHNIQUE

オンナはなかなかイケない&何度もイケないもの

第5章

修羅場はスパイスという考え方

RULE

45–50

Introduction

オンナはコワいと心の底から思い知る

付き合った相手がほんとうにイイ男だったかどうかということは、別れる時に分かることだと、女性達は口を揃えます。私も同感。

そもそも恋愛のゴールは終わりにあるのかも知れません。

今時は結婚してもすぐに離婚してしまうカップルもいれば、同じ屋根の下にいながらほとんど会話のない夫婦だっている。年金分配の制度が変わった途端に、離婚件数が増加しているところをみると、何十年連れ添ったからといって、いつ何時終わりがくるか分からない。

死ぬ時に、「本当に一緒になれて幸せだったよ。ありがとう」と言い合えるような、恋愛のハッピーエンドを迎える人ってどのくらいいるんだろう？　って時々私は考えるのです。

それが理想的であることは間違いないのだけれど……。

だって、今まで付き合ったカレシを思い出してみても、それぞれに熱～く、スィートな時期を過ごして、「一生、一緒にいたいね」って何回言っただろうか。

多分、私のことだから付き合ったオトコの数だけ言ったんじゃなかろうか。いやいや違った。このセリフは別れの呪文か？　なんて考えだして、喉まで出かかったけれど我慢したこともあったんだった。でも、やっぱ別れたものね。ま、基本的に私は熱しやすく冷めやすい性格をしていると周りから評されたりするのですが。

結局、始まった恋の数だけ、別れを経験してることになるわけです。

そして悲しいカナ、今では倦怠期から、修羅場、別れこそがオトコとオンナのほんとうの山場だなって思っていたりする。恋愛の初期から中盤にさしかかっての、トキメキ＆スィート期間はもちろん欠かせないものです。この時期の幸せな記憶は倦怠期や修羅場を乗り越えようとするパワーをも生み出してくれる。

しかしね、今まで数々の男性達と恋愛してきたけれども、なかには、「終わりが悪けりゃすべて悪い」という感じで、楽しかった思い出さえも台無しになってしまう恋愛の終え方をするオトコがいたのでした。

これだけはぜーったいに許せません。「私のウン年間を返して！」と情けない発言だけはすまいと、言葉を呑み込むのだけれど、つい思ってしまう。

かといって、オトコとオンナの別れる理由って、よくあるパターンだったりする。

他に好きな人が出来た、性格的に合わなくなった、最初から不倫、転勤などで遠距離になり疎遠になる等々。いずれにせよ、今時大して珍しくもない壁にぶつかり、もうやっていけないかもってなるんじゃないかしら。恋愛を重ねてくると、そこをどう乗り越えていくかという時にこそ、オトコもオンナも力量が試される気がしてなりません。

恋は最後までどうなるか分からない。山場を越して穏やかな恋の小春日和を迎えることもあれば、終わりがくることもまた否めないのです。

恋愛は一人だけでは成り立たない。二股かけてたりしたら、修羅場を迎えることもありましょう。お別れしたいとなったら、相手だって冷静に受け止めなければならないのです。

でもね、ピリオドの打ち方にも色々ある。

一度、愛した相手なのだから、修羅場や別れ際には思いやりをもって立ち向かうべし。

オンナってね、本能の赴《おもむ》くままに付き合っているあいだに、好きな人のことは何から何までリサーチしているから、いざとなるとコワい存在になるかも知れないのです。

ま、そのコワさについては順番にゆっくりとご説明してまいりましょう。

いずれにせよ、付き合っていた時期を良い思い出にできないようでは、せっかく恋愛した意味がない。「終わり良ければすべて良し」。イイ男はやっぱり最後までイイものですから。

RULE

45

オンナは完璧なほどに装うことができると知る

オトコが浮気しているかどうかはすぐに分かるけれど、オンナの浮気はバレにくいと思う。

日頃、カレシの様子が何だかいつもと違うのを見て、「もしや、浮気をしているんじゃないか」ってピピピッときてるのが、じつはとても参考になっていたりするのです。

要はいつもと違わなければ良いわけよね！　ってね。

「来週はちょっと忙しいから会えないかも知れない」なんて不可解な発言はしないし、デートの予定が重なってしまったとしても、「その日はちょっと……」なんてしどろもどろになることもない。「家の用事で」ともっともらしい理由をつけて、堂々と日をズラす。

メールなんかはコマメに入れることを心掛ける。他のオトコと一緒にいたとしても、クルマの助手席なんかで「ちょっと友達にメール返すね」とカレへのメールを片手でバシバシ打ってしまうし、ディナー中でも、酔っぱらわないうちに！　と思いついたようにトイレに立ってサクッとカレシに電話を入れる。どこだってトイレに入れば静かなもんです。

「明日早いから、今夜はお風呂に入ってもう寝るね〜」って言ってしまえば、オンナは自由になれる。この繊細な心配りは完全犯罪に近いと思われるが、罪悪感はあまりない。

だって、そもそも女性って「浮気したい」って意識は薄いのです。本命であるカレシが浮気していそうだとか、あまり相手にしてくれないとか、気が合わなくなってきてヤバイかなぁとか思い始め、そろそろ新しいオトコを準備しておいたほうが良いのかも知れない……という気持ちで動き始めているの。もう一歩で、浮気させるアンタが悪い！　の勢いね。

でもね、私の経験からすると、本命に代わるような男性ってそう現れるものじゃないです。ちょっとイイかもって思ってデートしてみると、改めて本命の良さが分かったりして、くたびれもうけの場合のほうが多いの。すると、オンナは何事もなかったかのように元のさやにおさまろうとする。それが分かるから、カレシが浮気しているかも知れないと気付いても、しばらくは放し飼いにして、トドメはささないでおくの。

でも、オンナの浮気の完全犯罪をモテ男諸君には見破ってほしいなって思います。

愛車やバイクのちょっとした傷などにはすぐに気付くくせに、カノジョの微妙なココロの変化には気付きもせず、何をしていても分からないってオカシイわよ。オンナが、他のオトコに目を向け始めても仕方ないわ。

TECHNIQUE

オンナの微妙な変化を察知して浮気させない

RULE

46

ワケあり恋愛には責任感を持って

「好きになったオトコに妻子がいたら何が何でも奪い取ってしまいたい」とは、本格的な不倫の恋愛経験者だったら、誰だって思ったことがあるはず。

でも、一度きりなの。マジなのをやったオンナほど、二度と思わなくなる。それほどタイヘンだってことね。同時にいろんなコトがしっかりと見えてきてしまうというところもある。

私もね、結構マジなのをやったことがあるので分かります。

女同士のバトルになったらオトコの出る幕はほとんどありません。妻と愛人の苦情受付係となって、飛んでくる皿やグラスをかわし、包丁をかわし、反射神経だけが急速に磨かれるのみ。オトコはどっちの家にも帰りたくないよ～となってしまう。

でもね、結果的に、オトコがどっちにも捨てられてしまうことになるのです。

「あのオトコは、いざとなったら逃げるだけなんだわ！」って、愛人もソッポを向く。オトコからしてみたら、あまりのド迫力に出番を失っているだけなのですが。

妻は揉み手をして待ち構えているかも知れないけれど、それはアナタの帰りを待ってるんじゃない。慰謝料を払う人を待っているの。

オンナって、最終的に思うことは一緒なのよね。超いい加減なオトコでもＯＫなんだけど、ツボをはずされるとサァーッと冷めていく。

そうなる前に、キッチリとカタをつける自信がないのだとしたら、くれぐれも深い不倫関係は結ばないほうが良いです。絶対バレないように細心の注意を払っていても、オンナの勘の鋭さには太刀打ちできない。アクシデントはふいに訪れます。心構えだけはちゃんとしておかないとね。

では、始めてしまったワケあり恋愛、どうやったら丸く収まるかを申しましょう。

ほぼバレてるという場合、妻、愛人、どちらの関係も、ケリをつけるとなったら、オンナは最終的に、「Ｍｏｎｅｙ！」と叫ぶ確率は高い。これは理屈じゃない。統計です。

「お金じゃない、愛だ」と言いながら、その愛が得られないとなったら、やっぱ行き着くところはお金となる。そしてこうなったら、妻を選んでおくべきです。

選ばれた後の愛人の気持ちは複雑なものヨ。

二度あることは三度ある、で、また同じことが起こるんじゃないかとヒヤヒヤする。その時、初めて愛人は妻の気持ちが分かるのです。そして、思うの。

「よくもこのオトコ、あんな非情なことできたなぁ」とね。

アナタが二度と浮気や不倫をしないかどうかは別として、それを予感させるような非情な行いは一度たりともしてはいけない。元・妻が泣いているうえで結ばれた愛人との幸せは長続きしません。世間の目だって想像以上に白く感じることとなる。

トラブりそうになったら、誠心誠意ちゃんと尽くして、愛人に納得してもらってお別れしましょう。不倫の恋愛は最終的にカノジョを泣かせることになるのだから、愛人に対してもちゃんとオトコとしての責任を果たすことは大人の女達のなかでは常識。

「お互い合意のうえだしぃ」ナンテ、最初から言う男性にはイイ女はまず寄って来ない。ワケあり恋愛は、それほどパワーがいるものなのです。

TECHNIQUE

不倫するなら妻、愛人、金を失う覚悟を持て

RULE
47
修羅場では潔くひたすら謝る

先述したとおり、生活の面倒はみてもらってはいないけれど、不倫の恋愛をしたことがあります。かなり小娘の時だったけれど、も〜、エライ目に遭ったワ。でも、ものすごく良い勉強にもなった。だってね、この事件以来、不倫は極力（?）避けようとしていますもの。

遡《さかのぼ》ることウン年前のことになる。しょっちゅう花を贈ってくれる銀行マンでね、一日置きくらいに家に花が届くの。私専用の携帯電話を持つとか言ってね、「ドコモに行ってきた！」ってニコニコしながら、無邪気におニューのケータイを見せたりする姿は、年上だったけど母性本能がくすぐられてしまったわ。

でも、楽しい時期はとても短かった。贈ってくれた花はすべてカレの家御用達の花屋に注文していて、ドコモはプライベートの電話だからって自宅の住所を書いていたみたい。

知らなかったと嘆いても遅かった。奥さんが花屋とドコモの領収証から浮気を疑い、花屋の伝票から私の自宅を突き止めて、カレを連れて乗り込んで来たから、青ざめてしまったわ。どうしてここまで来てしまったのか、何とかならなかったの？　って思ったけど、奥さんの「ハッキリとケリをつけさせようと思ったものですから」の言葉を聞いて、瞬時に納得がいった。

その時、カレは奥さんと私に土下座して謝った。余計なことは言わず、「とにかく俺が悪い。迷惑をかけて、本当に申し訳ない」の一点張りだった。

呆然としてしまったけれど、それは修羅場を最小限にとどめる態度だったんじゃないかなってすぐに私は思いました。奥さんも私もその姿を見て何も言葉が出てこなかったもの。

不倫の恋愛はバレたら終わり。ましてや奥さんの姿を実際に見てしまったら、もうそんな気は起きない。オンナって、真っ向から立ち向かってこられたら、こそこそなんてできやしないのよ。徹底的に戦ってやるという愛人もいるけどね。コレ、最悪のパターンね。

私も、将来もしも夫が浮気したら、首根っこつかまえて愛人宅に乗り込もうと思っている。修羅場は、きっぱりと手短に済ませたほうが良いもの。いざという時には、オトコは土下座でもして、奥さんにも愛人にも潔く謝ってしまうのが一番じゃないかしら。逃げるオトコの後味は悪いし、どちらからも詰め寄られて大ゴトになるかも知れない。たかが浮気の一度や二度で妻は夫を捨てやしないし、愛人はもともと非がある立場だしね。

TECHNIQUE

修羅場はきっぱり謝り手短に済ます

RULE

48

セックスしたことだけは最後まで認めない

浮気は疑われているうちが花だと先に書いた通り、オトコの浮気が度重なり、忍耐力の限界を感じるとオンナは鬼と化する。

「証拠はあがっている。携帯電話出せ！　今、私の目の前でそのオンナにかけなさい。それが嫌だったらサッサと吐け！」

デカ風なんだかチンピラ風なんだかよく分からないけれど、とにかくガラは恐ろしく悪くなり、吐くまで叩く。こういう事態に直面しても、絶対に口を割ってはいけません。

逆パターンではありますが、私は過去に、カレシに浮気のシッポをつかまれて、「正直に言ったら許す。本当のことは分かっているから、今後嘘をつかないって気持ちを確かめたい」などという手口で詰め寄られて、白状してしまったことがありました。

正直に書きますが、エラいことになるね。カレのほうこそそれまでに何回も怪しいことがあって、私はたった（?）一度きりだというのに、ことあるごとにネチネチ言われるようになった。しかも、もう私にはカレの浮気を責める権利はないみたいな言い草でね。こりゃあ～耐えられんと思って、結局別れてしまったわ。

今後、このようなことがもしも起きたら、「確かに食事はしたけれど、まっすぐに家に帰った。絶対何もなかった」って、叫びながら死んだフリをする覚悟です。でもそのカレとの別れ際に、「本当だったって認められたら、いろんなことがアタマに浮かんできちゃって責めずにはいられなかった」って言われた時、私はココロから反省した。だって、もしもカレシに、「他のオンナと寝た、ごめん」なんて正直にコクられたら、カレの部屋のベッドを想像して、見知らぬ女性とあんなことしてこんなことして、うわぁーってなりますもの。

オンナも同じです。だからね、男性はどんな証拠を突きつけられても、セックスしたことだけは認めちゃダメです。もし現場に乗り込まれて、ベッドの上で他のオンナと裸で抱き合っていたとしても、「まだ入れてない!」と言い張る。

オンナは特に、オトコが浮気をするものだとアタマでは分かっていても、実際には信じたくないって気持ちのほうが強いのです。99%ウソだと分かっていても、残りの1%に賭けてしまう。いや、たとえ別れることになったとしても、ウソをつき通してあげることは最後の愛情だよね。

TECHNIQUE

ウソをつき通すことも愛情である

RULE

49

すっきりと別れたいなら、小さいオトコぶる

銀座のノルマも、クレジットカードの支払いも、原稿の締め切りも、たいていのピンチはどうにかして乗り越えてきた私ですが、人のココロだけは縛ることはデキないものだとは身にしみて思うことです。今まで、いろんな男性と付き合ってきたけれど、恋の終わりだけは結局のところどうにもならないものでした。

カレシから「別れたい」と告げられた時、泣いてすがったこともあれば、逆に泣いてすがられたこともある。けれど、やっぱり別れたもんね。泣いてすがることによって、セカンドやサードとして延命する人もいるみたいだけど、それも時間の問題。好きでもないのにデートするヒマもカネも体力もないのだ。それに同情で会ってもらうって、むなしいじゃない？

なので、男女問わず別れる時だけは、キッチリとお別れすることを私はススメる。

でも、別れの打撃を軽減する必要はあるとは思います。唐突に別れを切り出されたら、相手は寝込んでしまうかも知れないでしょ？　涙を流しながら、「どうして、どうして」とひたすら繰り返す。そして、涙が涸《か》れて「私、生きていけない」となると、オンナは何をするか分からない。アナタは、「コワい……」と呟《つぶや》かなくてすむような別れ方をするべきなので

す。

まず、別れたくない側にとって、別れたい側の理由というものは往々にして納得のいかないものが多いものです。

「他に好きな人ができた」「もう好きじゃなくなった」「嫌いじゃないけどトキメかない」……。他にもあるだろうけれど、こんな理由をしどろもどろに言われたのでは、納得するしない以前に失礼すぎて、激怒&恨みをかうことになる。

どうせしょうもない理由ならば、正直に言う必要なんてないのでは？　とにかく相手の気持ちが穏やかであり、納得して別れてくれればそれで良いのですから。

銀座のホステスと長らく付き合ったオトコ達が、「別れたい時にどう言えば波風立たずに別れられるのか？」と相談するのは、もっぱら私達ホステスです。

スィートな時期は超熱愛するだけに、敵に回すともっともコワそーな種族に思えるらしく、他の意見などは参考にならないor腑に落ちないらしい。

そこで、私達ホステスは口を揃えて言うのです。

「俺は付き合っていくうちに、お前を幸せにできるような器じゃないことを実感した。俺はオトコとしてダメなんだ。愛するオンナには幸せになってほしいから、俺は身を引く」

もう聞きすぎちゃってソラで言えてしまうわ。でも、これ本当に効くのよ。別の店のホステスとの付き合いを切らせることにかけては真剣ですから♪　早よ別れて、こっちこ〜いってね。

それでもいいのとカノジョが粘るなら、「一緒にいると、オトコとして劣等感を感じてしまうんだ。俺は、もっと成長して大きなオトコになろうと思う。それに気付かせてくれた君に感謝している。一生、君のことは忘れないよ」と畳み込む。オンナには得体の知れないオトコの世界観を漂わせる。この納得いかないぶりはOKなの。オトコとオンナはそもそも別の生き物。だからこそ恋愛もするのです。そんな不明な部分は別れにこそ活用しなくちゃ。

気持ちがなくなってしまったことを分からせるくらいだったら、オトコとは、そんな卑屈な考え方をするものなのか、知らなかった……と思わせてあげたほうがカノジョにとっては幸せです。それに、持ち上げられるコトに人は弱い。幸い、皆、自分に対する評価はちょっと甘かったりするもの。

恋愛初期は「ホメて殺す」。恋愛末期は「ホメて逃げる」。これも誠意ということで。

TECHNIQUE

自分では相手不足だとオンナをホメて逃げる

結婚とは究極的に何だと思う？

女性

子孫を残すための手段	8.5%
役割分担して効率的に生きる手段	4.8%
違いを認め合い、人間的に成長する関係	23.5%
生活を保障してもらう手段	3.3%
癒し、癒される（守り、守られる）関係	44.9%
楽しく暮らすための手段	9.6%
その他	5.0%

（合計：890票）

男性

子孫を残すための手段	15.3%
役割分担して効率的に生きる手段	2.2%
違いを認め合い、人間的に成長する関係	17.1%
生活を保障してもらう手段	0.7%
癒し、癒される（守り、守られる）関係	47.2%
楽しく暮らすための手段	12.7%
その他	4.6%

（合計：771票）

RULE

50

旅立つオンナには、大きなオトコぶる

人生、別れを告げることもあれば、逆に告げられてしまうこともあります。

大好きなカノジョから「別れたい」と。

アナタだったら、どうする？

オンナは別れようと決断した時、本当の理由を言うか言わないかは人によります。

たとえば、浮気に悩まされてきたオンナなどは、カレを見返すかのごとくに、「好きな人ができたの」とか、「結婚することにしたわ」と、発表モードでのたまうし、一方、「セカンド男がプロポーズしてきたので、とりあえず身辺整理をしたいの」というような場合は、「最近仕事がキツくって、土日も会社に行かなくてはならないの」と、本当のことも、会えないとも言わずに、会わない時を延ばせるだけ延ばす。

ま、どちらもアナタから旅立ちたいと思っていることには変わりないでしょう。

けれどオンナはね、一度他のオトコに行ってみると、「あ！　違った」と思うことも多々あるんです。元カレの良さを思い知らされる。男性もカナ？

そこでご相談なのですが、女性は出戻りオトコは「ふざけるなっ！」って受け入れないけれど、男性は出戻りオンナのことを、「オレの良さが分かってなかった。カノジョはまだ未熟だったんだ」と受け入れられないかしら？　私的には、受け入れてほしいんだけどね。

いずれにせよ、もしも大好きなカノジョから別れを告げられた場合、決心が固そうだったらとりあえず、「分かったよ。でも、困ったことがあったらいつでも言っておいで」って言っておくのはどうかしら？

女性はなんだかんだ言って、目線が甘いゆえ、オトコを分かるまでに時間がかかる。別の人と付き合っても本当に困ってしまうこともざらだったりする。

そんな時、アナタの別れ際のセリフを必ずや思い出すハズ。懐のすごく大きなオトコとして、彼女の脳裏にアナタは燦然と輝いて浮かび上がることでしょう。カノジョが戻ってきてからどうするかはその時考えれば良い。もしも、本当に好きなカノジョであるならば、言うだけは言っといたほうが良い！　と私は思うな。

TECHNIQUE

別れたくないオンナほど別れ際は寛大な態度を！

第6章

いくつになっても愛され続ける流儀

RULE 51 - 54

Introduction

大人のオトコであればモテるのです

ここまで着実にステップアップしてこられた男性には、本気でお目にかかってみたいものです。さぞかし、イイ男なんだろうなぁ。

アナタは、かなりハイセンスなモテ・テクを身につけていることは間違いないので、オトコとしてココで今一度自信を持ってください。

本来ならば、もう何も言うことはない。

けれど、あともうチョット極めようとするのであれば、世の中の女性のハートを射止めるオトコとして、自覚のホドはどうか、ということだけです。

私的にはこれがちょっと気になるところなんです。

悲しいカナ、モテてゆくほどに対個人の問題ではなくなってくるものね。異性からも同性からも、良いことか悪いことか、自分を取り囲む世界で羨望の眼差し&注目を受けることになる。頼んでもいないし、付き合ってもいないのに細かく分析されたりもする。そしてそれが噂となり、どこまでも羽ばたいていってしまうことになるのです。超売れっ子の芸能人になったみたいにね。

とは言うものの、じつはそんなには心配はしていないのだけど。

だってね、最終章までの道程って、多かれ少なかれ、大変なコトの積み重ねであったハズ。ここまで来たからにはかなり磨かれて、大きな懐を持つオトコとして生まれ変わっていることだと思われます。足を引っ張られるような噂は一瞬マイナスに働くとしても、良い評判は何倍にも膨れ上がることになるので、プラマイで考えると、全然ＯＫでしょ。

人間、最後はいかに等身大で幸せをいっぱい感じられるかがポイントだと思う。

もう、アナタはかなり大きなオトコ、つまり大人のオトコになっているのだからダイジョーブ。大きな幸せツカめます。

けれど長い人生、ついうっかりと自ら幸せを手離してしまうこともあるでしょう。ちょっと自信を失ってみたり、怠慢になったり、鈍感になってしまったり、人間だったらあって当たり前なのですが、防げるものなら防ぎたいもの。

アナタが一生モテ続けていられるように、最終章は卒業チェックだと思って読んでください。そして、いつまでも忘れないように、時々このページをめくってくださいね。

RULE

51

恋愛に卒業はない

今時、年の差カップルは珍しくもないけれど、周りを見ていると、付き合うにあたって年齢というものがまったく気になっていないかと言えばやはりそんなこともないみたい。

ま、誰にでもストライクゾーンはあるでしょう。そこからあまりにハズれている相手だと、男女問わず、ココロのどこかでチョット引っ掛かるって気持ちは分からなくはない。

まず、初めてカレシの話をする時、親や女友達から二言、三言目には必ず年齢を聞かれます。ま、聞いたほうとしては、それを基準に、空前の就職難をくぐってきている世代だから、大体こんな考えを持っているんじゃないかとか、親は日本の高度経済成長期の只中に生きてきたから、その子供となったらわりと華やかに育てられたハズだナドナド、無意識にアタマにインプットされてあったデータを掘り起こして分析をする。よって、合うとか、合わないとか、他にも色々なコトを想像しようとするのです。そこで当人としては、データ圏外や自分とあまりにもバランスの取れていない年齢を言うのは、少しためらわれる。嘘はつかないけれど、思い切って言うor一拍置いてからおずおずと言ってみる。もしくは、「結構ウエ（シタ）なんだけど……」と軽く迷宮に入れてしまったりするのです。

でもね、オンナって、人に言う時にやや困ることはあっても、「やっぱり年齢が離れているから付き合わないでおこう」ということはまずありません。

理由はいたって単純。好きになったらやめられない、止まらないの。

その点、男性は好きになったコがあまりに年下（年上）だと、軽く遊ぼうなんて考えの人は別として、結構悩む&躊躇する人が多いみたいね。

「カノジョはきっと本気じゃないいんじゃないか」とか、「どうすれば楽しいと思ってくれるか分からない」と自信なさそうにボヤいたり、はたまた、「こんな歳して、今さら、恋愛なんて……」という、自分自身のなかのハードルを呆然と見つめてしまっている状態になる。

だとしたら、コレ、案ずるより産むが易しだと思います。私もこれまでに、かなり年上の男性と付き合ったこともありました。周りにも年の差カップルがいます。でもね、ほとんどが、「愛ですべてのものを乗り越えるんだ」という力んだものではなく、「オトコとオンナの関係って普遍なんだね」という風に、肩から力が抜けていく感じですもの。

相当年上のオトコでも膝枕しながら耳かきしてあげることもあれば、「ア～ン」とか言いながら料理を食べさせてあげることもある。ムカつけばバシバシ叩くし、セックスの主導権だってその時によって握りたいほうが握る。オトコとオンナって、トキメいていれば何歳だって、することは変わらないのだワ。20歳そこそこの小娘が50過ぎのカレシに向かって、

「○○ちゃ～ん」とか、あだ名で呼ぶのだって、それが二人にとっては等身大の姿なわけ。

男性が仕事でどんなに出世しようとも、失脚しようとも、金持ちであろうがビンボーであろうが、恋愛は社会と隔離されている世界での出来事。

「だって、歳離れてるし」などと言って、ハナから負い目を与えるオンナは、腹にイチモツあると疑ったほうがいいのかも知れない。

余談ではありますが、人前ではビシッとしているオトコほど、二人きりになったら思いっきり幼児化すると、女ゴコロをつかみ、「かぁ～いい、チュッ♪」とされやすい。コレ、完成されたオトコがやるほど、オンナとしてはそのギャップがたまらない＝効果は高いと思われます。

恋をしたら年齢は関係ありません。だから、諦めたり、卒業したりしてはいけませんよ。

レンジは広く持って、恋のチャンスを永遠に狙い、恋愛し続けようとする気持ちが大切。

それがフェロモンとなり、セクシーな魅力となるんですもの。

TECHNIQUE

年齢差を気にせず恋のチャンスを狙い続ける

あなたは恋人を束縛してしまうタイプ？

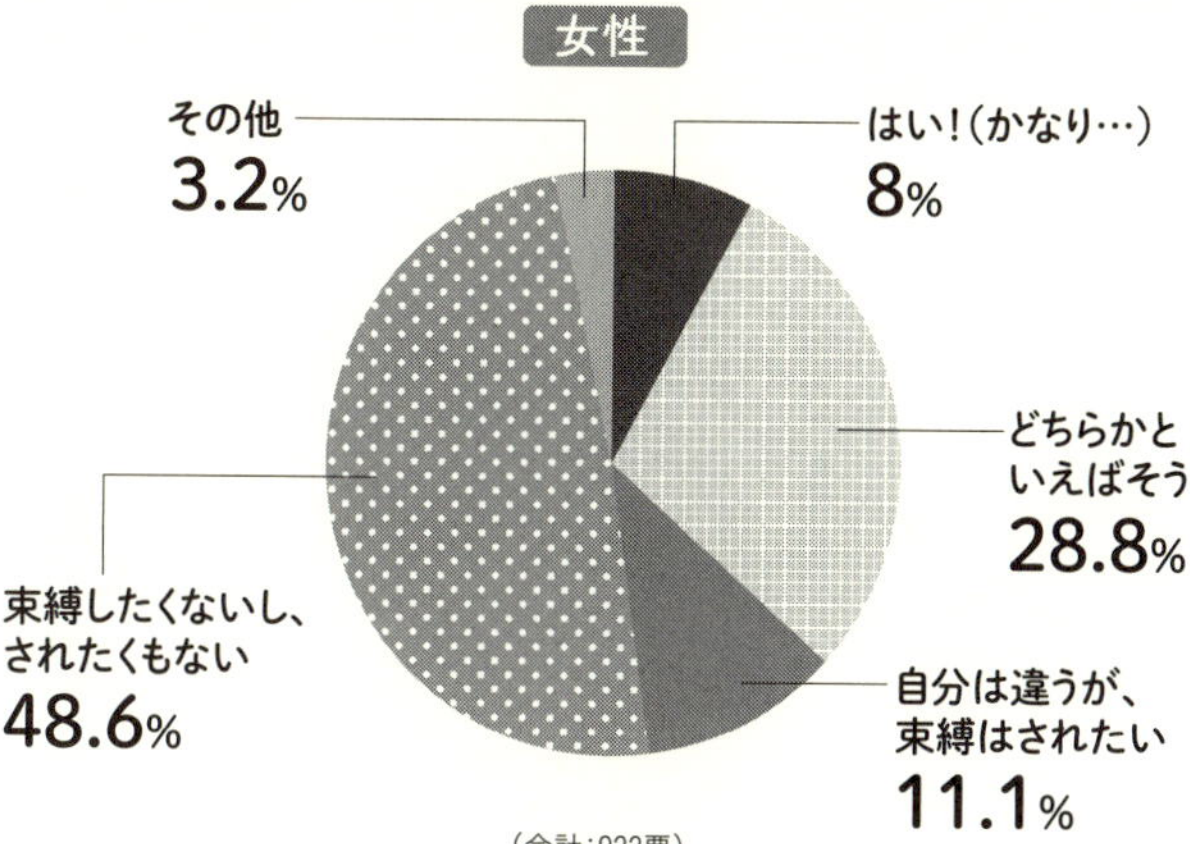

（合計：922票）

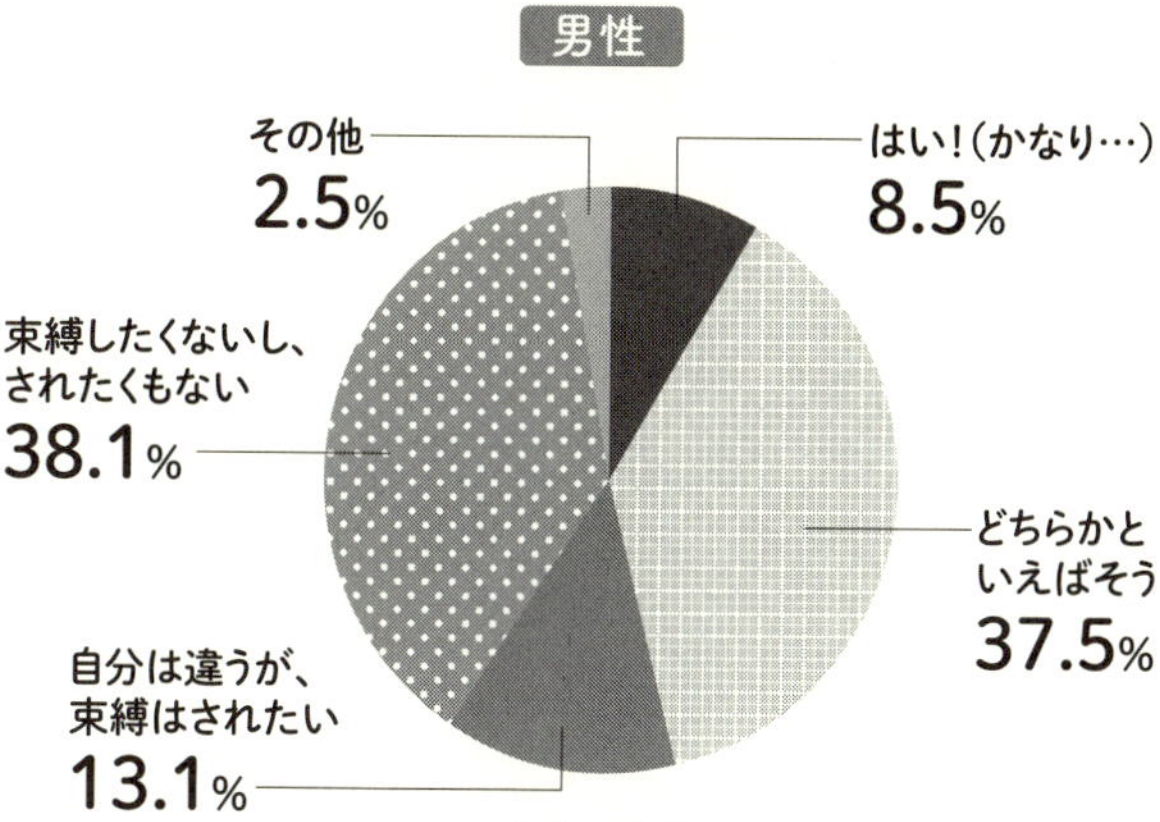

（合計：698票）

RULE

52

本当に心ときめく恋だけをする

初めて山登りをするならば、日本一の高さを誇る富士山にするべきだと聞いたことがあります。山頂を目指すにあたって、「富士山は目標が高すぎるので、他の小さい山などで練習をしてから」などと言う人が結構いるらしいのですが、そんなことをするとスケールは逆に小さくまとまってしまい、いつまで経っても富士山を制覇することができなくなってしまうんですって。

私はこの話を聞いて、山登りは性格的に自分に向いているんだなぁと瞬間的に感じたものでした。もちろん、私が目指すのは恋愛の山頂であって、富士山などは眺めるだけで良いのだけれど。

異性を山に例えるとして、私はまず自分のなかで一番高いものしか登ろうとしない性格なのです。この高さは自分の求める気持ちの強さであって、要はそれだけ魅力的に感じてるってことね。

その頂上を目指そうとして他の山で練習しても、体力、精神力ともに確実にすり減らすことになる。スキルアップのつもりでも、気持ちがホンモノでないゆえに、タダの器用ビンボーレベルで終わる可能性も高い。

いよいよ本番となったら、すべてを中途半端に消耗している分、全然手に負えないワと、酸欠になることは目に見えているのです。

小さな山にいくつも登って、その山頂から何度も富士山を見上げてしまう人生なんてむなしすぎるワ。周りにどれほどの山があるのかも、自分の眺めている場所が低ければ低いほど見えなくなっていくわけだし。

妥協の恋ならしないほうがマシ。

どうせ、すぐにつまらなくなってどの山にも登らなくなってしまうか、または甘く考えたためにどこかの山で遭難してしまうか。

恋愛は常に、本当に心ときめく山の頂上だけを目指しましょう。

そんなパワフルで熱いハートが、「この人にならば、きっとすぐに登られてしまうんだろうな」と異性に感じさせることになる。そして、「それでも登られてみたい」などと思わせることになるのです。

TECHNIQUE

妥協の恋をして、ムダな力を使わない

RULE

53

得意分野を一つ持とう

才能がある人というのはそれだけで魅力的に映ります。スポーツ選手や芸能人、あらゆる分野の著名人など、会ったこともない人物に「きゃあきゃあ」と騒いだり、何をされても構わない級に惚れ込んでいる人って多いですよね。身近にそういう才能を持っている異性がいたりしたら、まず一目置き、興味を持ったりしているうちにドキッ。さらにこだわりや打ち込む姿などを見せつけられたら、コロリときちゃうんじゃないかしら。

私の女友達に空間デザイナーのカレシを持つコがいるのですが、それは典型的なこのパターン。もうかなり前のことになるのだけれど、このカノジョがとっても気にいっている行きつけのバーでナンパされたのが出会いだった。最初はヘンなオトコだと思って口もきかなかったのに、そのバーの内装を手掛けたのが彼だと知った瞬間、急に魅力的に感じて興味を抱いたのだとか。すぐに二人は付き合うようになり、今ではこのカノジョも空間デザイナーとなっているのだから、その後ののめり込みようが窺えます。

しかも、カレは妻子持ちの上にかなりの浮気者ときている。それなのに、別れることに対してはカノジョのほうがビクビクしていたりする。

けれど、「いずれ別れることになるのかも知れないけれど、ずっとカレを尊敬しているし、こんなにステキな仕事を知るきっかけをくれたことを感謝している」とまで言わせるんだから。「才能ってこんなトコでも輝くものなのか！」とある意味、尊敬してしまう。

得意分野を持つということは自信になるし、そこに生きがいを見いだしているといった強さがある。自分にとって大切な何かがあるから、他のことで媚びたり駆け引きをする必要もなくなる。結果的にそれは自然とカッコいいスタイルを生み出す根源となるものなのでしょう。自分の才能をブラッシュアップしているだけで、あとは何をしなくても女ゴコロをくすぐってしまうしくみなのですね。

「そんな才能なんかないよぉ」と思っているアナタ、眠らせているのではありませんか？

別に、大したコトじゃなくても良いのです。好きこそ物の上手なれ的で構わない。趣味でも娯楽でも、自分が時を忘れてのめり込める何か。そんなモノが一つあるだけで、人生はウンと楽しくなるし、オンナが勝手についてくるようになったりもするのです。人を笑わせる天才、飲みの席でウケるマジック（←ちなみに、私はコレ）とかでも良いよね。

TECHNIQUE

何か一つ輝くモノを持って女ゴコロをつかむ

RULE
54
「恋愛は必ずいつか終わる」といつくしむ

今してる恋愛がどんなに素晴らしいものであったとしても、いつまで続くかということは誰にも分からないものです。

結婚しても、オトコは仕事、オンナは子育てなどに追われだすと、顔を合わせる度にケンカor一言も口をきかないなどといった状態になってしまうことも多々あるでしょう。主観的にも客観的にも、この男女のあいだに惚れた腫れたなどの恋ゴコロはほぼ何も感じられないのではないでしょうか。世間で堂々と恋愛を楽しむことができなくなり、夫婦との間にもラブな空気が漂わなくなったのだとしたら、結婚は恋愛のゴールというよりも恋愛のピリオドですよね。

そうなると、一生のうちでスィートな恋愛を経験できるのって、自然にまかせておくと、ものすごく短い期間だと思いませんか?

そもそも、人が出会う確率ってとても低いわけだし、さらに恋愛関係になったとあれば、それはほぼ「運命の人」と言っても過言ではないのかも知れない。

なのに、運命的なものを感じている時って恋愛初期くらいで、「あれは幻覚だったのかも」と思い始めると次には、「近いうちに別れることになるだろう」「あ〜早く別れたい」なんて状態になってしまったりする。

人間、時とともにトキメキが薄れてしまうのは仕方がないことなのかも知れないけれど、だとしたら別れてしまうか、事なかれ的に一緒にいるって状態しかないのかしら。

若いうちはたくさん恋愛をして、反省しながら成長していくことは確かに大切です。しかし、ある程度大人になったら、あまり別れを重ねてはいけないと私は思う。だって、イチから出会って、好意を寄せ合って、恋人同士になって、同棲したり結婚したり、子供も授かる……という経過は、精神力と体力それぞれに時間がかかり、想像以上に繰り返すことは困難なはず。

人生を味わい深いものにするパートナーとして、お互いにけっして途中下車しないぞという信念は、離婚率が高くなった今だからこそ皆が持つべきではないのでしょうか。

それがいつしかダラダラとした関係になってしまったというのではもったいなさすぎる。極端なことを書いてしまうけれど、人間は必ず一人で死んでゆくのだから、恋愛はいつしか必ずや終わってしまうものなのです。

それに、世の中いつ何が起こるか分からない。

もしも明日、この世がなくなると言われたら、仕事なんかする人ってまずいないでしょ？

愛する人や好きな仲間とともに、美味しい食事やお酒を一緒に味わい、懐かしい話なんかをしながら、その時を迎えたいと思うんじゃないかな。

それが、自分にとって本当にしたいことだったりするのかも。タイムリミットがきた時に後悔することのないように、いろんなことをしておきたいですよね。

「ひょっとして、カノジョと会うのは今日が最後なのかも知れない」という危機感を少し持つだけでも意識はものすごく変わります。

あそこに行っておけば良かったなとか、こんなこともしたかったのになとか、「ありがとう」って気持ちが急に膨らんできたり、「今度生まれ変わった時にも会いたい」と思ったり、「カノジョは俺といて幸せだったんだろうか？」なんて考えてみたり。

短い人生においては、恋人と過ごせる時間、一緒にできることもまた限られているのです。

とエラそーなコトを言いながら、日頃、ついつい忘れてしまいがちな私です。

だから、この場で自分にも言い聞かせているの。そんな気持ちをどこかに持てていたら、恋人、気の合う友達、知り合う人々など、向き合う時間をウンと大切に過ごせるようになるんだってね。永遠に残るものって、結局はココロや思い出だけなのですから。

オトコもオンナも、そういったことにプライオリティーをしっかりと持てている人ほど皆から愛され、幸せを感じながら生きているんじゃないでしょうか。

出会えたことに感謝して、一緒にいる時間を大事にする。

そうして愛を育むことを忘れないようにする。

アナタが心掛けることによって、相手も自然とそんな気持ちになってくる。そんな思いが永遠のハッピーな恋愛を約束してくれる。そんな気がするのです。

TECHNIQUE

危機感を持ちつつ出会いに感謝して愛を育む

おわりに——オンナは、大人のオトコに口説かれたい

日本は相変わらず少子化、晩婚化の傾向にあるけれど、私には、その根底に恋愛人口がめっきり減っているという理由がある気がしてなりません。何だか、皆醒めている。乾いている。ビビっている。

鉄とコンクリートとガラスでできた街で暮らすうちに、街そのもののように、私達の心は乾いてしまい、ひび割れ寸前の状態なのかもしれません。日本が、いえ、地球そのものがあらゆる問題を抱える今日、世の中いつ何が起こるか分からないという危機感をもって過ごす日々において、私達は実現可能性の低そうなチャレンジをしないことはもちろんのこと、「早い、安い、美味い」といった環境に慣らされてしまい、なるべく無駄を省くということも覚えました。そんな簡素を好む気風は恋愛市場にも何らかの影響を及ぼしているのではないでしょうか。

もう一つ、私は疑問に感じていることがあります。近年、日本の社会も、男女平等という女性達の夢が少しずつ叶いつつあるとは思うのですが、オトコとオンナでは「平等」の意味自体にも認識のズレが生じているのではないかということ。その影響が、恋愛のチャンスを

も減少傾向に至らしめてはいないかと、時折不安に思うのです。

社会において活躍の場が増えたことにより、オンナがやたらと強くなった感が漂っています。しかし、それゆえに、精神的にも肉体的にも「やはりオンナなのだ」ということを感じずにはいられない女性達もまたたくさんいるのです。

そもそも本書は、私が職場である銀座のクラブで、男性達に「どうすればイイ女にモテるのか」という率直な質問をぶつけられたことから生まれたものです。

私は、あらゆる女性達の心情を探っていく上で、「こんなことを、書いてしまってもいいのだろうか……」とか、「私もそう思うんだけど、言いにくい」など、何度も壁にぶつかりました。

しかしながら、その壁こそが、世の中のイイ女達が、恋愛において躓《つまず》いてしまう事柄だと気付いた瞬間、書かずにはいられない気持ちにもなりました。

皆、素敵な恋愛をしたいと思っています。恋愛のパワーほど、人を奮い立たせてくれるものはないのではないか。悩みも苦労も吹き飛ばしてくれる、究極の癒しともなる。自分の過去を振り返ってみても、恋愛をしている時は何だかとっても元気で、仕事なども精力的にこなせていた気がします。どんなに仕事で忙しくとも、プライベートでは恋をするといった気持ちの昂《たかぶ》りや潤《うるお》いは大切だなぁと強く感じるのです。

そして本書を書きすすめながら、私は気がついたのです。イイ女にモテる、いわゆるモテ男とは、ようするに〝大人のオトコ〟なのだということに。

強いふりをしながらも「やはりオンナである」ことを感じているオンナ達の心を惹きつけるのは、大人のオトコとしての気遣いや思いやり、立ち居振る舞いなのでしょう。当たり前のことのようですが、女性を口説くのには作法があったのです。それは恋愛における鉄則なのですね。

多くの男性が、女性との関わりを楽しみ、恋愛することによって、潤いのある人生を送ってくださることを願っています。

最後になりましたが、本書を手にしてくださった読者の方々一人ひとりに、心より感謝いたします。ありがとうございました。

著者

資料初出一覧

●p.29、p.38、p.55、p.61、p.68、p.81、p.85、p.89、p.97、p.103、p.119、p.131、p.167、p.177
提供元：excite恋愛結婚「恋愛投票箱」より
URL：http://wedding.excite.co.jp

本書は２００７年２月に刊行された『紳士のルールズ』（アメリカンブックス）を、文庫化にあたり再編集したものです。

檀れみ―東京都出身。ファッション誌のライターから銀座の老舗高級クラブのホステスとなりナンバーワンに。ホステスのダイエット事情に絡めて夜の世界を赤裸々に描いた『ダイエット・パラダイス』(幻冬舎)にて作家デビューする。独自の語り口と鋭い洞察力で各メディアから注目を集めている。第4回Yahoo! JAPAN文学賞大賞受賞。アプリ『モテるひと言』は、iPhone有料ランキング総合1位のベストセラーとなった。
著書には『冷たい熱帯魚』(幻冬舎)、『紳士のルールズ』『女の仕掛け』『幸運をはこぶお陰さま』(以上、アメーバブックス新社)、『LOVE&JOB 賢い女の社交術』(主婦と生活社)、『テッパン男』(ヴィレッジブックス)など多数がある。

講談社+α文庫 こんな男《おとこ》に女《おんな》は惚《ほ》れる 大人《おとな》の口説《くど》きの作法《さほう》

檀《だん》 れみ

2013年4月22日第1刷発行
2015年1月9日第3刷発行

発行者――鈴木 哲
発行所――株式会社 講談社
東京都文京区音羽2-12-21 〒112-8001
電話 出版部(03)5395-3529
販売部(03)5395-5817
業務部(03)5395-3615

デザイン――鈴木成一デザイン室
本文データ制作――朝日メディアインターナショナル株式会社
カバー印刷――凸版印刷株式会社
印刷――慶昌堂印刷株式会社
製本――株式会社国宝社

落丁本・乱丁本は購入書店名を明記のうえ、小社業務部あてにお送りください。
送料は小社負担にてお取り替えします。
なお、この本の内容についてのお問い合わせは
生活文化第二出版部あてにお願いいたします。
Printed in Japan ISBN978-4-06-281512-3
定価はカバーに表示してあります。

講談社+α文庫 Ⓐ生き方

タイトル	著者	内容	価格	番号
こんな男に女は惚れる 大人の口説きの作法	檀 れみ	銀座の元ナンバーワンホステスがセキララに書く、女をいかに落とすか。使える知識満載！	590円	A 145-1
「出生前診断」を迷うあなたへ 子どもを選ばないことを選ぶ	大野明子	2013年春に導入された新型出生前診断。この検査が産む人にもたらすものを考える	690円	A 146-1
誰でも「引き寄せ」に成功するシンプルな法則	水谷友紀子	夢を一気に引き寄せ、思いのままの人生を展開させた著者の超・実践的人生プロデュース術	600円	A 148-1
私も運命が変わった！ 超具体的「引き寄せ」実現のコツ	水谷友紀子	引き寄せのコツがわかって毎日が魔法になる！〝引き寄せの達人〟第2弾を待望の文庫化	670円	A 148-2
質素な性格	吉行和子	簡単な道具で、楽しく掃除！ 仕事で忙しくしながらも、私の部屋がきれいな秘訣	580円	A 149-1
ホ・オポノポノ ライフ ほんとうの自分を取り戻し、豊かに生きる	カマイリ・ラファエロヴィッチ 平良アイリーン＝訳	ハワイに伝わる問題解決法、ホ・オポノポノの決定書。日々の悩みに具体的にアドバイス	890円	A 150-1
100歳の幸福論。 ひとりで楽しく暮らす、5つの秘訣	笹本恒子	100歳の現役写真家・笹本恒子が明かす、ひとりでも楽しい〝バラ色の人生〟のつくり方！	830円	A 151-1
*空海ベスト名文 「ありのまま」に生きる	川辺秀美	名文を味わいながら、実生活で役立つ空海の教えに触れる。人生を変える、心の整え方	720円	A 152-1

*印は書き下ろし・オリジナル作品

表示価格はすべて本体価格（税別）です。本体価格は変更することがあります